咖啡与茶
超时空系列

管子 与

Adam Smith

超时空走访

⊙苑天舒 编著

上海古籍出版社

值得一走的时空之旅

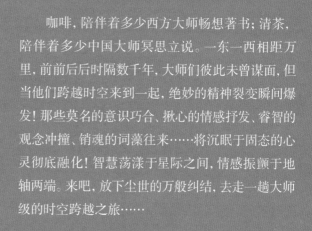

咖啡，陪伴着多少西方大师畅想著书；清茶，陪伴着多少中国大师冥思立说。一东一西相距万里，前前后后时隔数千年，大师们彼此未曾谋面，但当他们跨越时空来到一起，绝妙的精神裂变瞬间爆发！那些莫名的意识巧合、揪心的情感抒发、睿智的观念冲撞、销魂的词藻往来……将沉眠于固态的心灵彻底融化！智慧荡漾于星际之间，情感振颤于地轴两端。来吧，放下尘世的万般纠结，去走一趟大师级的时空跨越之旅……

—— 底 谓

目　录

序 说

　　超时空访客　但观今日世界, 各国于文化、经济、政治等诸多方面皆遇前所未有之挑战。二战结束以后, 特别是进入21世纪后, 世界大舞台上展现出令人眼花潦乱的变局。今天的世界怎么了?

　　对财富的追求是所有劳动者的愿望。然而, 经济繁荣之下为何却是利润与贫穷一起增长?

　　当一个人全身心地工作却不能分享到他自己的劳动成果时, 这公平吗? 难道他们只要吃得饱、穿得暖、有地方住就行了吗?

　　那些高度垄断的行业在贫困、环保、和平等当今世界问题上的作用是什么? 能够促进经济繁荣吗?

　　万事万物皆有度, 物极必反, 不能承受的"资本之重"出现了吗? 资本高度堆积的地方会以何种方式"坍塌"?

史上首位"总理"和"现代经济学之父"

解决今天问题的答案是什么？2700年前的管子说过："疑今者察之古，不知来者视之往。"今天遇到疑难问题时，我们可以去向古人的智慧请教答案；对未来迷惑时，我们可以回过头去看看以往走过的路。今天我们就带着这些问题穿越时空隧道，拜访2700年前的中国管子和200多年前的英国人亚当·斯密，听听他们是怎么想的。司马迁说："居今之世，志古之道，所以自镜也，未必尽同。"世移事迁，古今中外差异也很大，但是"历史是一面镜子"，我们"总可以从古来的大师们的智慧中得到教诲。自古以来可以称得上大师的应该是：既能以他的深邃的思想引导人，又能以他的人格魅力吸引人，他们是真、善、美的化身。"（汤一介《未名讲坛序》）

管子名管仲（公元前735年—前645年），字夷吾，是春秋早期的齐国宰相。他是中国历史上的第一个宰相，也就意味着是中国历史上的第一位"总理"，中国历史上宰相制度是从管仲时代开始的（参阅左言东《中国政治制度史》）。他在位四十年，辅佐齐桓公

"九合诸侯，一匡天下"，成为春秋第一个霸主。管子既是伟大的政治家，也是伟大的政治经济学者。管子的"市场自由调节"和"政府积极参与"的政治经济学思想，以及他"以人为本"、"以法治国"、"四民分业"、"相地衰征"、"利出一孔"、"调通民利"、"托业于民"的经国济世之法是中华民族繁荣富强的宝贵财富。管子可谓先秦诸子的老师，以至于把"仁"作为做人最高追求的孔子都连声称赞管子"如其仁！如其仁！"没有管子，中华文明可能在那个时代就被灭绝了，所以孔子说"微管仲，吾其披发左衽矣。"（见《论语·宪问篇》）

梁启超评价管子说："一国之伟人，间世不一见也。苟有一二，则足以光其国之史乘，永其国民之讴思。……若古代之管子、商君，若中世之荆公，吾盖遍征西史，欲求其匹俦而不可得。""管子者，中国之最大政治家，而亦学术思想界一巨子也。"（梁启超《管子传》）

亚当·斯密（Adam Smith，1723年—1790年），英国人，他有两部伟大的著作：《道德情操论》和《国富论》。其《国富论》被誉为"现代政治经济学研究的起点"，同时，也使经济学从此成为了一门独立的学科。亚当·斯密也被誉为"现代经济学之父"和"自由企业的守护神"。在他的伦理学里，人是具有利他性的"道德人"；而在他的经济学里，人又是具有利己性的"经济人"。他认为人因自利追求财富并非是不道德的，还可以在"看不见的手"的作用下于不经意中实现社会利益；他是西方世界发现"看不见的手"的第一人。他主张自由贸易和自由市场经济，并认为这是最有效的实现财富和分配社会资源的一种经济制度。自由资本主义在亚当·斯密的理论下被发展起来，因而自由资本主义被称为是亚当·斯密的化身。

马克思评价亚当·斯密说："在亚当·斯密手中，政治经济学已经发展到某种完整的地步，它包括的范围在一定程度上获得了完备的轮廓。亚当·斯密第一次对政治经济学的基本问题作出了系统的研究，创立了一个完整的理论体系。"（《剩余价值学说史》）

看不见的手

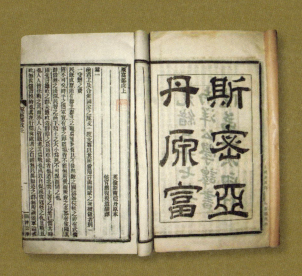

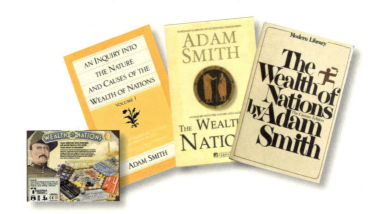

　　我现在就要穿越时空隧道，带着我们这个时代的困惑，去向这两位先贤巨匠请教。我先到亚当·斯密先生那里，然后再和亚当·斯密先生一起去找管子。

（超时空访客穿越时空隧道，来到1776年夏天的英国柯卡尔迪拜访亚当·斯密）
——英国 柯卡尔迪

超时空访客

尊敬的斯密先生，您好！我是从2015年穿越时空隧道来拜访您的，您已经完成了一项壮举，可能这一点您自己还没有意识到吧。我首先向您祝贺，因为您的伟大著作《国富论》在不久前，也就是1776年3月9日刚刚出版。

亚当·斯密

MY GOD！你说你是200多年以后的人？你从2015年来？这怎么可能？

超时空访客

没错，2015年，是您的《国富论》遍布全世界的年代。

亚当·斯密

你可真了不起，竟穿越时空来到我这里。你刚才说，我的《国富论》遍布世界？这同样也是个令人愉快的消息。

超时空访客

现在，您的《国富论》也出版了，您最近在忙什么呢？

亚当·斯密

我前面三年一直都在伦敦，书出版之后我才回到柯卡尔迪，这是我的出生地。我现在大部分时间就待在家里陪我的母亲。我希望能去爱丁堡看望我的老朋友大卫·休谟先生，他的身体近来不大妙。我很高兴从你这里听到在未来有很多人喜欢《国富论》，嘿嘿，你知道现在的情况是，也有人几乎是在猛烈地攻击我呢，说《国富论》是我对一个苏格兰年轻诗人的报复，因为据说那个年轻人就东印度公司的问题对我提出过挑战，事实上我根本不知道这件事，过去的九年里我几乎都在埋头写我的《国富论》。他们不了解《国富论》在讲什么。

超时空访客

我知道您20多年前在格拉斯哥大学做教授，而您的《道德情操论》和《国富论》都与您在格拉斯哥大学讲授道德哲学有关。您在写《道德情操论》的最后一章中好像对《国富论》是有描绘的。

亚当·斯密

那不是描绘，是一个承诺。我在《道德情操论》的最后一段是这样说的：我打算在另一本书里论述法律和政治的一般原则，论述这种原则在不同时代和不同的社会时期所经历的种种变化。我将不仅从正义的角度，而且还将从公共政策、国民收入和军备以及其他法律目标的角度论述这一问题。现在我已经在这本《国富论》中部分地履行了我自己的诺言，至少履行了论述国民收入和军备的诺言。请问，那些在你们的时代里读《国富论》的人们是不是也会读《道德情操论》？

超时空访客

您的《道德情操论》在我们的时代也很著名，不过似乎读过《道德情操论》的人比读过《国富论》的人要少很多。

亚当·斯密

这是个坏消息。这样人们会产生很多误解，认为我仅仅在主张"利己"，因为他们没有听到我在《道德情操论》里主张"利他"。你刚才也说过这两本书与我在格拉斯哥大学讲授"道德哲学"有很大关系。我是根据这门课程中的"伦理学"部分先写了《道德情操论》，从1759年到前年已经出了第四版，其中1761年的第二版我做了很多修改，主要是回应哲学同好们的意见。而我认为人们应该先看《道德情操论》，然后再看《国富论》。事实上，在我们现在这个时候，读《国富论》的人几乎都是先看过《道德情操论》的。

超时空访客

可是200多年后，人们都涌向《国富论》，而读《道德情操论》的人就少得可怜了，坦率地说，在拥向《国富论》的人群中，很多人甚至连《国富论》都还没有来得及读一遍就变成了"鼓吹者"。不管人们对《国富论》的解读正确与否，但正是这些从《国富论》里所得到的

"准确的"和"不准确的"理解，着实对我们的社会产生了深刻的影响。自由市场经济成为全世界大多数人的价值观，自由资本主义在这种价值观底下建立起来了，经济迅速发展，财富迅速增加，资本如同热浪一样在大地上滚动，人们疯狂地追逐着财富。可是当产品过剩时经济危机就会爆发，马克思说这是"产品相对过剩"；资本过剩时金融危机就会爆发，然而这种资本过剩其实是金融杠杆下的金融泡沫。现在有越来越多的人在问：是我们对斯密先生在《国富论》里的本意理解错了，还是《国富论》本身就有不正确的观点？因为这是我所在的时代出现了很多问题的一个原因。我这次来拜访您就是希望您能够像1761年在《道德情操论》第二版那样，向读者澄清《国富论》里的问题。

超时空访客
读过。教授，我可是超时空访客。

亚当·斯密
你读过《国富论》吗？你知道我在书里想要说什么吗？

12

超时空访客

您刚才说您是要从公共政策、国民收入等方面讲一个与法律和政治有关的原则。后世人们都说您在讲自由市场经济、自由资本主义，但是我认为您在讲一个富国富民之道，而且这个富国富民之道应该符合天经地义，与人类社会的道德正义一致。不是吗？

亚当·斯密

你说的一点都不错，我的确在思考如何做才是富国富民的正确方法。

超时空访客

您说您思考的是"富国富民的正确方法"，这正是我打算给您引荐一位中国伟大先贤的原因之一。这位伟大先贤生活在您之前大约2400年的中国，他的名字叫管仲，是当时齐国的宰相。齐国是那时的一个诸侯国。后人尊敬地称管仲为"管子"。如果说管子是中国先秦诸子的老师几乎都不为过，管子之前无诸子，诸子都在管子后。

亚当·斯密

你是说带我去中国？

超时空访客

是的。2400年前的中国！ 虽然您与管子处在截然不同的时空里，但是你们的思想有很多"契合点"，我认为你们的对话对于澄清《国富论》的概念，完善《国富论》的理论，回答我所在的时代所面临的问

亚当·斯密

这听起来太不可思议了，就像你来到我这里一样不可思议。其实我的《国富论》与中国有着不解之缘。

题，都是大有益处的。您有没有兴趣跟我去见一见管子？

超时空访客
斯密先生，这话怎么讲呢？

亚当·斯密
超时空访客，我请你去喝一点什么吧，我们坐下来慢慢地聊。

——客厅，斯密端来两杯红茶，把一杯放在超时空访客面前。

亚当·斯密
这茶叶还是从中国运来的，你尝尝和在中国喝的茶有什么不同。你知道《国富论》这本书来源于我在英国格拉斯哥大学教授道德哲学课程的讲义。那是1752年，我记得很清楚是那一年的4月29日，我被选为格拉斯哥大学道德哲学教授。在我讲课的报酬里，基数部分来自学校，而另一部分则来自于听课学生所交的听课费。这是对大学教授付酬的最好方法，因为讲课人的收入可以和工作热情、工作成效挂钩。你看，这本身就是一个道德人与经济人之间关系的问题。

超时空访客

斯密先生,我知道英国大学教授的讲课费是这样计算的,这里我也有一个很有趣的故事。布鲁厄姆勋爵(英国律师,辉格党政治家和改革家,大法官兼上院议长)在爱丁堡大学听化学课的时候,他向布莱克(英国化学家,物理学家)交听课费。这位最早使用天平研究化学的伟大化学家竟然用桌上的天平仔细称钱币的重量,一边称一边解释:"对于新来的学生,我都要称他们交的钱币,因为拿份量不足的钱币来交听讲费的学生很多。要是不这样对付他们,他们每年会骗走我很多钱。"

亚当·斯密

我想,布莱克花钱的时候,他也是一枚一枚花的吧?没有人会用天平来数钱币的个数吧。

超时空访客

呵呵。斯密先生,您在格拉斯哥大学授课的时候该不会和中国有关系吧?

亚当·斯密

这个时候还没有。我把道德哲学课分成四个部分:自然神学、伦理学、道德学(法学)、行政学。我的无穷乐趣就是讲课,学生们的无穷乐趣就是听我的讲课。1759年,我根据伦理学部分的授课讲义而写成的《道德情操论》出版了,引起了年轻政治家查尔斯·汤申德的注意,他阅读完《道德情操论》之后,决心聘请我做巴克勒公爵去海外旅行时的家庭教师。这样我辞去了格拉斯哥大学教授的职位，在1764年2月和我的新学生巴克勒公爵前往法国，我们先到巴黎待十天，然后去图卢兹。在图卢兹为了消磨时光，我开始写《国富论》。我们计划在欧洲旅行两年半，而这期间，我们绝大部分的旅行都是在法国。在巴黎我成了几乎所有著名的文学沙龙的常客。在那里我与杜尔哥进行愉快交谈，也出席在魁奈博士那里的新经济学派的一些集会。

超时空访客

魁奈是法国重农学派的鼻祖啊！他们重视农业和自然秩序。魁奈的《经济表》被推崇为人类在继文字和货币之后的第三大发明，而且后来的马克思也给予《经济表》高度评价。杜尔哥也是重农学派的著名代表人物。

亚当·斯密

你说得不错。杜尔哥是一位在一切方面都可以与伟大的英国思想家休谟先生相比拟的法国思想家和政治家，他是重农学派的重要人物。你知道我的《国富论》也叫《国民财富的性质和原因的研究》，伟大的杜尔哥先生在我的书出版前十年，也就是1763年开始写作，到1766年出版，他完成了他的著作《关于财富的形成和分配的考察》，而我也正是那段时间在法国开始写《国富论》。我与杜尔哥先生在巴黎的友好交往对我的《国富论》帮助很大。

超时空访客

呵呵,法国重农主义经济学家杜邦·德·内穆尔,他是魁奈的弟子,还说您著作中正确的东西都是从杜尔哥那里剽窃的呢。他说凡是没有从杜尔哥那里剽窃的部分,全都是错误的。

亚当·斯密

他在开玩笑! 后来内穆尔收回了这种荒诞无稽的说法,他承认是他自己在还不能阅读英文书籍的情况下才这样说的。

超时空访客

不管怎么说,他到底也是大宗师魁奈的弟子啊。

亚当·斯密

那倒是。坦率地说,由于杜尔哥的特殊照顾,我得到了《关于课税的备忘录》,这是在法国宫廷的指令下编纂,专门提供给为改革法国财政而成立的委员会使用的一本重要的书。这可是无价之宝! 对我写《国富论》的帮助非常大。

超时空访客

斯密先生,您还没有说《国富论》和中国的关系呢。

亚当·斯密

请不要着急。魁奈这位大宗师,他十分尊崇中国的孔子。我记得你和我说过管子是中国先秦诸子的老师,管子也是孔子的老师吗?

超时空访客

是的。在后来的2000多年里,孔子是中国的圣人,但是在孔子的年代,孔子可不是圣人,他带领弟子周游列国很囧啊,以至于孔子自己都把自己比成"丧家犬"了。但是

亚当·斯密

孔子与管子的年龄相差多少呢?

在孔子的心目中，管子可是令人高山仰止的圣人。后人说孔子的思想是"仁学"，因为在孔子的心目中，"仁"是做人的最高理想。很少有人在孔子那里能够达到"仁"，但是孔子称赞管子是"如其仁！如其仁！"再也没有谁得到过孔子给予的两个"仁"的评价了，"仁"就是"圣"呀！

超时空访客

管子生于公元前735年，卒于公元前645年；孔子生于公元前551年，卒于公元前479年。孔子比管子晚出生184年呢，所以没有见过管子。但是，在中国，"学生"和"老师"可以是个很广泛的概念。在2000多年里，中国的读书人都尊孔子为"至圣先师"，都自称是圣人的"学生"。中国先秦时期的另一位大师韩非子说："今境内之民皆言治，藏商管之法者家有之。"家家都收藏有记载着管子和商君语录的典籍，都在研修"管子之学"，因此说管子为诸子老师。您明白吗？

亚当·斯密

像你这样说，孔子以管子为师，魁奈先生尊崇孔子，魁奈先生是不是也算是管子的学生了呢？

超时空访客

这个……

亚当·斯密

我还是讲魁奈先生吧。你知道伟大的魁奈先生崇拜孔子到了什么地步吗？他写了一本书叫《孔子简史》。魁奈先生在比较孔子与古希腊的圣贤时，明显褒扬孔子，贬抑古希腊圣贤，他说孔子的《论语》远远胜过古希腊圣贤的哲学。中国儒家的重农思想对魁奈先生重农主义观念的影响非常大。当魁奈先生以御医身份进入凡尔赛宫之后，他通过庞巴杜夫人，让路易十五在1756年模仿中国古代皇帝，举行了"籍田大礼"，以宣示对农业的重视。所有人都称呼魁奈为"欧洲的孔子"，这确实也是非他莫属，再合适不过了。正因如此，重农学派对中国的推崇，通过重农学派的刊物《农业、商业、财政杂志》和《公民日志》上发表的文章清晰可见，他们大量引用的不是欧洲的文献而是中国的典籍。

超时空访客

您没有提内穆尔，您还在记恨他说您剽窃杜尔哥吗？内穆尔编辑了魁奈师生的论文专辑——《重农主义，或最有利于人类的管理的自然

亚当·斯密

此事你也知道？我没有记恨内穆尔。正如你所讲述的，"自然秩序"观可以说是重农学派的理论基础，这也是受到了中国古代哲学

体系》，正是这本论文专辑第一次提出"重农主义"的概念。为了显示其神圣和权威，把专辑的出版地点都标明为中国的"北京"。

超时空访客
是老子的道家思想。

超时空访客
重农主义讲"自然秩序"，中国的道家也讲"道法自然"，中国的儒家讲"天人合一"，这些观念都是一样的，体现了人与自然的密切关系以及对自然的敬畏。

的深刻影响而形成的。

亚当·斯密
我也知道中国的老子。1769年，魁奈先生写作的《中华帝国的专制制度》出版了，他这本书里有一章的标题就是"中国的法律同作为一个繁荣政府的基础的自然原则相比较"。魁奈先生将中国作为一个实行自然法则的理想国度，通过对中国的制度实践的考察，阐述了自由主义的经济学精神。毫无疑问，中国古代文化对魁奈的"自然秩序"观起了重大作用。

亚当·斯密
我在法国的那段时间，从法国重农学派那里了解了中国很多情况。

超时空访客

斯密先生,您在法国的这段时间,正是启蒙运动的重要时期。法国又是启蒙运动的重镇,不仅仅是重农学派,启蒙运动里的很多重要人物都对中国感兴趣。我听说您去日内瓦时,专程到距离不远的费尔奈见伏尔泰先生,他也是一位中国的推崇者。您在《国富论》里有三十多处关于中国的内容,与您在法国这段时间和这么多"中国朋友"相处不无关系吧?

亚当·斯密

啊!你说的是伟大的伏尔泰先生,他是我最崇敬的当世伟人!

超时空访客

呵呵,"斯密先生怒拍桌子"的故事家喻户晓。据说有人将某个作家比喻成"伏尔泰",您愤怒地拍了桌子:"先生,伏尔泰只有一个!"

亚当·斯密

确有此事,那是一个让人愤怒的家伙。

超时空访客

巴黎自然博物馆的福杰·圣方教授也能证明您对伏尔泰的感情,圣方教授说是您说的:"伏尔泰的书是为一切人写的,一切人都在读!"

亚当·斯密

是的,伟大的伏尔泰先生,使人类的知性产生真理之光!伟大的伏尔泰先生认为"中国是世界上开化最早的国家",如果谁在伏尔泰先生那里说中国的坏话,他就说:"你们诽谤中国,唯一原因就是中国的哲学和我们不同。"不过他也很郁闷啊。

超时空访客

伏尔泰先生在欧洲，各国王室都是以结交他为荣的，他郁闷什么呢？

（我实在不好意思告诉亚当·斯密实情，因为伏尔泰的这些信根本就送不到乾隆高傲的龙案上，十有八九被乾隆的大臣们用火烤手时烧掉了，不信可以去清宫档案里找找，看看有没有。）

超时空访客

斯密先生，我怀疑您在法国被中国空气包围了。

亚当·斯密

伏尔泰先生说："我常给中国的乾隆皇帝去信，可是直到今天，他没有给我一点回音。"但是他不生乾隆皇帝的气，他总说乾隆皇帝肯定是很忙的，没有时间写回信。

亚当·斯密

的确有这样的感觉。这些法国先生，只要谈正经事，就少不了提到中国。在法国的这段时间，我与魁奈先生、杜尔哥先生这些法国大思想家们经常来往，加深了我对经济学的认识，也得到了很多关于中国的资料。并且这时我开始写作《国富论》，其中一些问题是我与他们讨论过的。重农学派"自由放任"的经济思想对我写作的影响是很大的。可能除了我的朋友魁奈、狄德罗、达朗贝尔、爱尔维修、杜尔哥、布封这些人以外，其他人很少了解我的《国富论》是怎样与中

TURGOT

国建立起联系的。杜尔哥那里有两名来自中国的留学生，高类思和杨德望，他们在1763年完成了学业准备回国，但是其他法国学者都希望这两个中国学生能够帮助他们了解中国的情况，所以杜尔哥去向法国政府申请经费以便让他们推迟一年再回中国，事实上这两名中国学生回国的时间一直推迟到1767年。杜尔哥给这两名中国留学生提出了52个经济问题，让中国学生们回国以后回答并寄回来，以帮助法国思想家们全面掌握中国的经济情况。

超时空访客

您说的是杜尔哥《中国问题集》？那两名中国学生推迟回国与杜尔哥交往的这三年，不正是您也在那里的时间吗？您在那里有两年半的时间。

亚当·斯密

是的，正好我在那里。杜尔哥为了让中国学生明白这些问题的意义，他又在这些问题的前面写了一篇关于社会劳动和财富分配的简略分析的文章，这篇文章后来以《关于财富的形成和分配的考察》作为书名出版。

超时空访客

您说的就是内穆尔对你产生误解的那本书吧？

亚当·斯密

对，但当时还不是一本正式的书，而是杂志上的连载文章。这是杜尔哥在1766年底写完的，内穆尔再三向杜尔哥请求把这篇长文在

《公民评论》上连载，直到1769年底杜尔哥才同意。可是内穆尔自作主张不止一处修改杜尔哥的原作，让杜尔哥非常恼火。

超时空访客

斯密先生，我还是很想请教您一个问题：从19世纪一直到后来，很多学者研究您与杜尔哥之间究竟做了什么讨论，因为他们发现您的著作中有不少部分明显带有重农学派的特征，而且人们发现，杜尔哥对您写作《国富论》还有两个更大的贡献：首先，《国富论》里提出的一些问题，如果没有杜尔哥和他的那本书，您可能永远都想不到；其次，《国富论》里用到的一些术语，如果没有杜尔哥和他的那本书，您原本也是不知道的。您觉得是这样的吗？

亚当·斯密

他们说的也是实情，要知道，欧洲很多人甚至认为杜尔哥写的那本《关于财富的形成和分配的考察》比我的《国富论》还要好。你知道原因在哪里吗？《关于财富的形成和分配的考察》原本不是写给欧洲人的，而是杜尔哥专门写给那两个中国留学生的，所以当内穆尔想在杂志上连载时，杜尔哥都没有同意。在内穆尔向杜尔哥请求了三年，杜尔哥才拿出来发表。杜尔哥在《中国问题集》里提出的那些问题，两位中国学生回国后给杜尔哥回信回答了这些问题，提供了大量与中国经济和历史文化密切关联的材料。所以三年后杜尔哥发表《关于财富的形成和分配的考察》时应该有更深入的思考。杜尔哥受中国情况的启发，也直接从中国古代文化中汲取到了营养。我是从杜尔哥那里受到了启发，算是间接从中国古代文化汲取营养，这可能也是大家认为我借鉴了很多杜尔哥的原因。

超时空访客

是否这两名中国留学生帮助您知道了中国司马迁的《货殖列传》?

亚当·斯密

我不回答这个问题。但是我认为,如果没有中国的孔子可能就不会有现在这样的法国重农学派;如果没有在法国与重农学派朋友们的那些有意义的交往,这本《国富论》就不会是现在这个样子的;可能没有杜尔哥和那两位中国留学生,也就没有"看不见的手",《国富论》也肯定不会是现在这个样子。

超时空访客

我发现您的《国富论》与司马迁的《史记·货殖列传》在一些观点上有异曲同工之妙。司马迁是人类历史上第一个为商业文明立传之人,他所著的《货殖列传》里面的"货殖"两字,即"滋生资货财利",意思是利用货物的生产与交换,从事商业活动,从中获利生财。"货殖"广及各种手工业,以及农、牧、渔、矿山、冶炼等行业的经营。特别是"市场自由调节,政府不必干预"的观点与您在《国富论》里的观点很相似。

亚当·斯密

你认为《国富论》与《货殖列传》好像是有血缘的亲戚一样,是不是?

超时空访客

是呀。《史记·货殖列传》开篇就讲到了"市场自由调节，政府不必干预"的观点，只不过在司马迁那里"交换"不仅是因为有"劳动分工"，还因为各地物产不同而需要货物流通交易，他说："夫山西饶材、竹、谷、纑、旄、玉石；山东多鱼、盐、漆、丝、声色；江南出柟、梓、姜、桂、金、锡、连、丹沙、犀、瑇瑁、珠玑、齿革；龙门、碣石北多马、牛、羊、旃裘、筋角；铜、铁则千里往往山出棋置：此其大较也。皆中国人民所喜好，谣俗被服饮食奉生送死之具也。"司马迁在列数完各地物产之后说：农民耕种，从而有食物；虞人进山开采、下水捕捉，从而有物产；工匠制造，从而有器具；商人贸易，从而商品流通。像这样人民去做自己喜好的事，难道还需要官府发布政令来召集百姓、特意约定吗？众人各用所能，各尽其力，满足各自所需。货物商品随行就市，低买高卖。人们各自勤恳经营本业，忙自己的事不亦乐乎，如同水从高处流向低处，昼夜流淌不息，大家不招自来，不用号令就自动出工。这难道不是符合规律而得以自然发展的证明吗？您

亚当·斯密

是的，杜尔哥先生与法国重农学派的先生们多次拿中国的"低流之水"来比喻"自然秩序"，"看不见的手"就是在这样的启发下提出来的。

在《国富论》里的"看不见的手"不就如同司马迁在《货殖列传》讲的"道之所符"里说的"道"和"自然之验"里说的"自然"一样吗?

超时空访客

"低流之水"在《货殖列传》中表达的是带有中国道家思想的市场机制,与它有关的理论和实践情况在中国古代典籍《淮南子》等道家经典与《史记》、《汉书》等史书中都有很多讲述。贱货能贵卖,贵物能贱买,人们各经其业,各从其事,就像水往低处流那样,日夜无休,不用招集人们就会自动来进行交易买卖。这就是道的显现,自然秩序的验证,在太史公那里就是"道之所符"与"自然之验",这说的就是"看不见的手"。

亚当·斯密

还记得我在《国富论》里是怎么说的吗?每个人都在不断努力为自己所能支配的资本找到最有利的用途,他所考虑的是自身的利益,而不是社会的利益。但是他对自身利益的关注,自然会或者说必然会使他青睐最有利于社会的用途。每个人都想把他的资本尽量投在离自己家乡比较近的地方,他就会因此而尽可能地维护了国内的产业,在这种情况下,与在其他许多情况下一样,有一只看不见的手在引导着他去尽力达到一个他原来并没有想要达到的目的。"看不见的手"就是中国的"道"、"自然"。接着我也讲了一个由此引申出的话题:因为"看不见的手"的引导,使人尽力去追求自己利益时,被无形中引导着去尽力实现了一个并不是他本意要实现的另一个目的,而这个非本意的、无意识做到的行为对社会无害而有利。换句话说,他追求自己的利益,往往使他比在真正出于本意的情况下还更有效地促进了社会的利益。而往往那些打着要对社会有利的旗号所做的事却没有比这种公开说利己无形中利他的更有效。我从来没有听说过，那些假装为公众利益而经营贸易的人做过多少好事。事实上，这种装模作样在商人中间并不普遍，用不着费尽唇舌去劝阻他们。

超时空访客

斯密先生，后世的西方经济学家从您的《国富论》里读出了人的利己行为可以在看不见的手的作用下实现利他，即"自利利他"。据此，西尼尔以您对市场中的个人在追逐个人利润时也无意中可以为社会带来利益的说法作为借口，主张将"利己"最大化，提出了"个人经济利益最大化"公式；约翰·穆勒说"自利利他原则"是为理性的经济人假设奠定的第一块基石；获得诺贝尔奖的萨缪尔森说："亚当·斯密证明了个人利益与社会利益和谐一致。"从此，他们为利己主义、自由主义、私有制、资本主义找到了合理性和正义性的根据，社会利益的实现是可以作为利己主义的"副产品"来完成的。有人

亚当·斯密

感谢超时空访客！请问我们到2400年前的管子那里，要很长时间吗？

说这段话是《国富论》里最精彩的话；有人说这是《国富论》里最著名的教诲；有人说这是"后世西方经济学家们制造出一个经济学神话：自由的市场经济中，社会公众利益与私人利益的和谐一致"；

也有人说这是"当代西方经济学制造的最大理论冤案"。斯密先生，他们对您的思想理解得准确与否，就不在这里请教授评判了。中国有句古话叫"六经注我"，意思是借用前人的话来解释自己的思想，甚至不惜有意误读前人。总之，不管后世经济学家们引用谁的话，剖析谁人的理论，他们的目的终究是要宣示他自己的经济学或政治经济学观点。任何人用经典里的思想、智慧来诠释自己的思想观点乃至生命体悟，都无可厚非，都是应该被允许的。但是应该掀去在一些人的理论上盖着的人为制造的神秘面纱。为此，我们还是穿越时空去寻找中国古代圣贤的代表人物管子，听听你们两位大师在思想交汇中的对话。

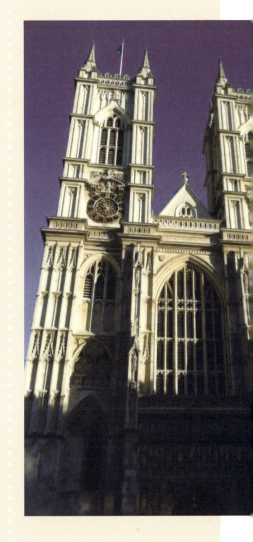

超时空访客

亲爱的教授，别担心，我们穿越时空隧道去见管丞相，无论路程有多遥远，也无论我们在他那里逗留多长时间，在您此时这个时空来看，都是一眨眼的瞬间。如有人现在就在我们旁边，他几乎察觉不到我们离开过。

亚当·斯密

难道会这样吗？

超时空访客

是的。历史再漫长对于今天的人来说都是一瞬间。而在未来的世界里，再短的一瞬间对于今天的人来讲都是遥不可及的无限长。在只有马车和帆船的时代，从伦敦到北京的时空距离是很遥远的，但是在飞机、火箭的时代，时空间距就大大缩短。如果我们坐在光上，地球上的任何两个点，不管原来距离有多远，都会收缩到一个点上。如果我们坐在光速可变飞船上，穿越光速可变时空隧道，我们就可以回到2400年前见到管子。

亚当·斯密

明白了，这就是为什么只能我去看管丞相，管丞相不能来看我。那我就和你去一趟2400年前的中国吧！

道法自然和利出一孔

（超时空访客带着亚当·斯密穿过光速可变时空隧道来到了公元前660年的齐国）
——齐国都城 临淄 管子家

超时空访客
管丞相好！我是超时空访客，来自于2700年之后的中国，这位是亚当·斯密先生，他来自2400之后的英国。

管子
欢迎你们。今天早晨，当鸿雁从我头顶上的天空中飞过时，我就感知今天将有不寻常的客人要来了。

亚当·斯密
这太有意思了。

超时空访客
难怪800年后的诸葛亮以您做榜样呢！

管子
哈哈，还有后人以我为榜样？

超时空访客
是啊！从现在再过800多年，天下进入"分久必合，合久必分"的三国时代，诸葛亮是蜀国的丞相，神机妙算，他"自比管仲、乐毅"呢。

管子
哈哈，还有这等事？

超时空访客

管丞相，这位亚当·斯密先生被他之后的西方人誉为"现代经济学之父"呢。

亚当·斯密

过奖了，不敢当啊！在管丞相这里我们都是太小太小的小字辈，如何敢称什么"父"？管丞相，您好，我久仰您的威名。我是英国人，我生活的地方叫做欧洲，我到您这里来之前，我们那里是公元1776年。超时空访客带着我穿越他的光速可变隧道来到了尊贵的您面前，我愿意做您的忠实仆人。

超时空访客

丞相不必介意，斯密先生是欧洲人，他们对深受尊敬的人都谦卑地称自己为"忠实的仆人"。

亚当·斯密

超时空访客，你怎么知道？

超时空访客

斯密先生，您是一位非常重视合乎体统的人，按照您遵守的英国习惯，你们对高贵的人都是这样谦卑地称呼自己的。

亚当·斯密

谢谢你的称赞。管丞相，在您的这个年代，正有一支游牧民族从大陆的莱茵地区越过海峡进入不列颠，而不列颠岛上还没有出现我们英国，但是随着他们的到达，不列颠进入了青铜时代。这是一批克尔特人，他们身材高大，头发金黄，皮肤白皙，以勇武好战著称。

管子

斯密先生，我们现在除了青铜器之外，已经有了铁器。我们用铁制作

工具，这些年我们已经在让农民使用牛拉铁犁、铁铧来耕田，因为铁器投入使用，我们可以比以前更轻松地砍伐森林，这样耕地面积就大为增加了。原来百姓用木制、石制工具是没有办法挖出树根的，就连灌木的根也很难对付。我们还有铁制的货币。青铜比较昂贵，主要用来制作礼器和武器，也有很多铜制的货币。

亚当·斯密
我们欧洲有个国家叫法国，与我们英国隔海相望。我在1764年初为一位少年公爵做旅行中的家庭教师，陪着他渡过英吉利海峡到了法国。我在法国认识了很多伟大的学者，他们深受中国影响，例如中国的孔子、司马迁等古代先贤都对他们产生了很大的影响，我在他们那里不止一次地听到过管丞相的英名。您为您的国家设立了管理财政的轻重九府，并以此辅王成霸。

管子
哈哈，这些事连你们都知道了啊？

亚当·斯密
而在此前一年，即1763年，我们刚

刚结束了七年战争，欧洲的很多国家都参战了，英国和法国是主要的对手。虽然最后是我们英国这一方赢得战争胜利，但是这场战争夺走了100多万人的生命。

管子
这不好，至善不战啊！

超时空访客
管丞相，正因为您这句"至善不战"，所以才有了后来《孙子兵法》的"不战而屈人之兵，善之善者也"。

管子
请问《孙子兵法》为何物？

超时空访客
这是齐国后人孙武所著的兵书，其影响力一直流传后世2000多年而不衰，成为全世界最负盛名的兵法之一。然而此书的作者孙武却是受教于管丞相之学。孙武原不姓孙，而姓田。（齐国在管子之后200年发生了"田氏代齐"，此时天机不可泄，故不与管子言说。若真说起来，孙子的祖先在"田"姓之前是姓"陈"的。）田家开办私塾，并以管丞相之学教育子弟。所以孙武从小便熟悉管丞相之兵法。

亚当·斯密
管丞相对后人有这么大的影响，可喜可贺。

管子
感谢超时空访客告知老夫这些事，令老夫很是鼓舞。其实我也和斯密先生一样，做过少年公子的家庭教师呢。我们先君齐僖公有三个儿子，老大是诸儿，老二是公子纠，老三是公子小白。齐僖公选派我和鲍叔牙、召忽给公子纠和公子小白做老师，并且由我和召忽来辅导公子纠，鲍叔牙辅导公子小白。

但是后来齐国乱了，迫使我们陪着两位公子离开齐国，逃往别的国家。我们与斯密先生不同的是，您和学生是出游国外，而我们是去别国避难。

亚当·斯密

这里面一定有非常艰难的故事，管丞相可否讲一讲？

管子

可以。先君齐僖公的长子诸儿，素来为人卑鄙下作，在登上君位成为齐襄公之后，荒淫昏聩，对国人言而无信。鲁桓公的夫人文姜原是齐国的公主，听说鲁桓公要来齐国，便不顾礼仪也要随行，然而到了齐国就与齐襄公，也就是诸儿勾搭成奸。鲁桓公知道此事后很生气，在馆驿对文姜大发雷霆。第二天文姜向齐襄公哭诉，谁知齐襄公竟然命人将鲁桓公杀害。由于齐襄公无道，在当了12年国君之后被其表兄弟公孙无知杀死。公孙无知也是无道之人，自立为君。国家如此混乱，公子纠和公子小白在齐国安全不保，所以只好逃往其他诸侯国暂时躲避。公子纠在我和召忽的保护下逃到鲁国去避难，公子小白在鲍

（银雀山汉墓竹简《孙子兵法》）

叔牙的保护下逃到莒国去避难。一年之内，公孙无知又被杀，致使齐国无君。公子小白在鲍叔牙陪护下率先归国争君位，途中被我截住射中一箭，但皇天护佑小白，中箭处恰有一块玉佩阻挡，所以安然无恙。小白回齐国后，在都城临淄登上君位成为齐侯（齐桓公），逼迫鲁国杀掉了公子纠，我和召忽被关进囚车押解回齐国。一越过齐鲁边境，我和召忽被从囚车里放出，召忽说："公子纠还在黄泉路上，应有一死臣相伴，他的强国理想也当有一生臣去完成。今已回齐国，你为生臣，我为死臣。我召忽此生总算是为万乘之政而死，公子纠也总算是有死臣追随。你管仲生而霸诸侯，公子纠可谓有生臣矣。死者成行，生者成名，名不两立，行不虚至。你好好努力，我们就此死生分别了。"召忽说完就自刎了，追随公子纠而去。我得到鲍叔牙相救并在齐侯面前力荐，遂被新君任命为齐国丞相。

超时空访客

召忽真义士，为人高贵啊！管丞相也是大才，做齐国宰相之后，只三年时间便使齐国稳定，到了第四年

亚当·斯密

记得啊。

齐国人心归服，到了第五年齐国便拥兵数万，齐军训练有素，所向披靡，天下局面为之一变啊！斯密先生，您还记得写《货殖列传》的司马迁吗？

超时空访客

司马迁在《史记》中为管丞相立传，他说："管仲既用，任政于齐，齐桓公以霸。九合诸侯，一匡天下，管仲之谋也。"齐桓公能够成为春秋霸主，全赖管丞相的辅佐。

亚当·斯密

管丞相，我非常佩服！我们英国也是全世界的霸主。从外部来说英国经历三次英荷战争，从内部来说英国在1688年发生了"光荣革命"。从"光荣革命"之后，英国就逐渐取得世界霸权，和你们齐国现在一样。

管子

请问斯密先生，何为"英国之霸"？

亚当·斯密

"英国之霸"是表现在全方位的。第一是在英国率先发动了工业革命，使英国成为世界上第一个工业化国家；第二是英国从政治制度上开始完善；第三是通过强大实力与欧洲各国争夺世界利益，成为世界最大的殖民帝国。

超时空访客

根据斯密先生所讲的"英国之霸"的这三个方面，请允许我简单梳理一下斯密先生所写的《国富论》这本书的内容结构。正如斯密先生所说，英国率先发动了工业革命，这就是《国富论》的物质基础，或者叫硬件基础。斯密先生写作《国富论》时，英国的工场手工业正在兴盛起来，劳动分工随着工场手工业自然而然形成，分工带来生产效率提高，也就意味着财富的增加，所以《国富论》的第一篇就是以"论分工"开始的。"劳动分工"意味着每个人要向别人"交换"劳动，这样《国富论》接着就自然要论述作为交换媒介的"货币"以及"商品价值"，因为这一切都是从交换劳动而来的，所以《国富论》里就出现了"劳动价值论"，商品价值是由劳动价值来衡量判断的。但是《国富论》在这方面的讨论有"倒因为果"的嫌疑。斯密先生把商品价格划分为三个部分：劳动工资、资本利润、地租，认为由这三部分构成商品的价格，但是不知为什么，您莫名其妙地将这三部分变成了商品价值的三个源泉。商品的出售价格本来就是商品

亚当·斯密

你如此清晰地从历史的角度来看《国富论》，我很欣赏，然而你所说的"倒因为果"问题，我需要再做进一步思考。你的分析和归纳总结，也算是帮助我向管丞相介绍了我的《国富论》。

管子

斯密先生，超时空访客，因为我和斯密先生所处的时代相距甚远，我听不太懂你们所讲的这些，但是*殊形异执，不与万物异理，故可以为天下始*（《管子·心术上第三十六》）。事物形态尽管千差万别，但是都不会违背万物所秉承的道理，这才是治理天下的出发点。

交易的收入,但是从收入来分析
商品价值,这样就把劳动价值论
让位给了收入价值论。根据劳动工
资、资本利润、地租这三个方面的
归属,您在《国富论》里把人分成
劳动者、资本家、地主这样三个社
会阶层。《国富论》里分别以三章:
"论劳动工资"、"论资本利润"、
"论地租"进行了讨论,认为这样
就说清楚了"国民财富(收入)的
性质"以及三个社会阶层之间的
分配顺序。《国富论》的第二篇集
中讨论"资产的性质、积累和使
用",这是因为工场手工业在这个
时期带给英国的是"产业资本主
义",不同于之前的商业资本主义
和100年之后的垄断资本主义,所
以强调资本积累与生产性资本的
重要性。从《国富论》第三篇起,
论述的是制度改革,这正是刚才
讲"英国之霸"所表现的第二个方
面——政治制度的完善。您在《国
富论》里反对英国乃至欧洲普遍
尊奉的重商主义制度,认为"自由
市场经济"或者说是"自由资本主
义"是最有利于财富增加的,并在
这里提出来"看不见的手",论述了
"自利利他原则"。然后《国富论》
就用所构建的理论分析欧洲各国

经济，此时的欧洲各国，发展迅速的不是本国本土的经济，而是殖民地经济。这也是"英国之霸"所体现的第三个方面——殖民地。斯密先生，您觉得我这样讲给管丞相听，可以吗？

超时空访客

管丞相，那么您认为斯密先生所说的英国之霸与齐国"霸诸侯，一匡天下"之霸，有区别吗？

管子

在我们这里，"霸"这个字也可以写作"伯"，这是周天子根据各个诸侯的实力与行为，选出最优秀的诸侯，任命为"诸侯长"，意思是盟主。代表天子管理诸侯，行礼乐征伐之事。我们说：为而不贵者霸。不自以为所贵，则君道也；贵而不过度，则臣道也。作为诸侯国的国君，依然是周天子之臣，与天子有君臣之义。为政谦虚不自以为尊贵，这样的诸侯才可以受封称伯，这也是身为诸侯的为君之道；虽然诸侯已经很尊贵了，但是仍然要尊贵有度，并且符合礼数，才是尊敬周天子而应该有的君臣之义。

亚当·斯密

管丞相所说的"霸"，就符合我在伦理学里所讲的美德。

超时空访客

斯密先生曾经在格拉斯哥大学讲道德哲学课程，他的《道德情操论》就是谈美德的。所以斯密先生从管丞相对中国之"霸"的介绍里体会出"美德"，这可是很专业的评价啊。

亚当·斯密

"中国之霸"在我看来确实是"美德"。这里面所讲的"为而不贵"、"不自以为贵"、"贵而不过度"，这不都是在讲"自制"吗？这是我在《道德情操论》里讲述的核心概念之一。我认为：伟大而高贵的美德所应有的自制，毫无疑问远超乎懦弱的人所表现出来拘谨式的"自我抑制"。庄严可敬的美德在于，以其令人惊叹的优势驯服了人性中最难驾驭的那些情绪，而表现出令人难以想象的自制。所以我从管丞相描述的中国之霸中看到了美德。这与我们讲的霸权主义之霸截然不同。

管子

发现我们的"霸"不是霸权之霸，是美德之霸，是不错的。然而仅有这一步认识还不够。我们是霸国守分，王国守始。斯密先生可解其意？

亚当·斯密

不解。请管丞相详细说一说。

管子

霸国守分，王国守始。意思是霸国

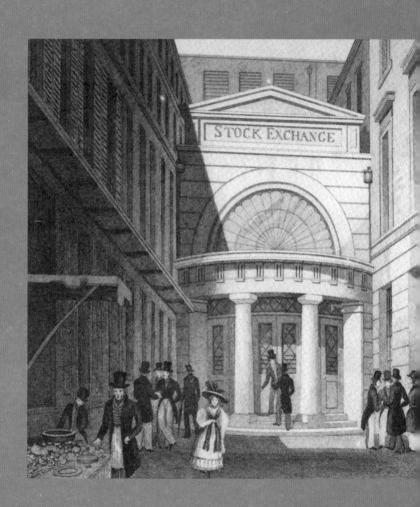

LONDON IN THE
NINETEENTH CENTURY
BY
THO H Shepherd

要守在中线的上下，重视市场上的供应量的变化，积极调整市场上的物价，使之不过高也不过低，波动于中间线附近，则国家所需要的物品就不会缺乏。这就是所说的霸国守分上分下，游于分之间而用足。而王国在生产的源头就要加以重视，即重视生产。这就是所说的王国守始，国用一不足则加一焉，国用二不足则加二焉，国用三不足则加三焉（《管子·乘马数第六十九》），斯密先生能否知道这国用不足一则加一，不足二则加二，不足三则加三，以此类推，这是什么意思呢？这就是说作为"王道之国"，消费多少就生产多少，不要生产太少而不够用，也不要过多生产而浪费物力和资源。这与你们的很不同吧？

亚当·斯密
是啊，这与我在《国富论》里的想法正相反。我写《国富论》的目的是要告诉人们如何才能最大限度地制造出财富来，能生产出多少就尽可能生产出多少，没有想到生产多了怎么办。

超时空访客

斯密先生，您生活的时代是工场手工业正在兴盛时期，所以您还没有感受过财富充斥于世会是什么样，也没有预见性地思考财富严重用不了的情况下应该怎么办。我好像已经感觉到我们时代里所出现的问题的罪魁祸首在哪里了：无节制，无限度。

超时空访客

然而，斯密先生，由此也可以发现您的《国富论》与《道德情操论》是割裂的，与《国富论》完全相左的观点，却得到了《道德情操论》的支持。

（我只能心里说，斯密对《道德情操论》最后一版的修改在他去世前才完成，但是还是没有成功，留下了著名的"亚当·斯密问题"。）

亚当·斯密

管丞相所说的"霸国"的政策比较像是重商主义的，"王国"的政策比较像是重农主义的。但是你们重视适度和节制，则与重农主义和重商主义都不同。这些反倒与我在《道德情操论》里讨论的美德相符，美德的核心就是"合宜性"，即适度。

亚当·斯密

我也意识到了，所以我想尽力将它们调整成一致。

管子

我们齐侯现在被周天子封为"霸"，号令诸侯。然而齐国自姜太公开国以来，就注意从王道思想中汲取有益的内容，所以我们现在的霸道治国是兼收王道的，对内以正治国，德法并用；对外则尊王攘夷，存亡继绝，以信服天下。所谓以正治国，就是"因民为政"，实行"以人为本"，宽政役，敬百姓；省刑罚，薄赋敛。对百姓"爱之，益之，利之，安之"。所谓"德法并用"，就是"以法治国，举措而已"。有"礼义廉耻，国之四维"的核心价值观，又有"所谓仁义礼乐者，皆出于法"的制度保障体系。

亚当·斯密

听管丞相如此详解"霸国"和"王国"，非常受益啊！

超时空访客

斯密先生，您的《道德情操论》和《国富论》被后世割裂，以至于后世读您的书读得很偏颇，但是在管丞相这里，是周全不偏的。我们后世应该认真学习管子之学。

管子

夫丰国之谓霸，兼正之国之谓王。（《管子·霸言第二十三》）这句话你们要好好体会，对于解决你们的问题会有帮助。我建议你们在临淄城外去看一看，然后咱们再继续谈，如何？

超时空访客

这个建议好，斯密先生，您愿意去走一走，看一看吗？

亚当·斯密

我非常想去看一看。

——临淄城外，亚当·斯密与超时空访客边走边看。

超时空访客

斯密先生，您刚才用美德的"合宜性"来解释管丞相的"王霸"观，进一步发现其中蕴含的美德，您不愧是道德哲学教授。

亚当·斯密

超时空访客，我这一趟不虚此行啊。你看这2000多年前的临淄城竟然如此繁华，没有想到。

超时空访客

管子是一位当朝宰相，是一位政治实践者，所以他说出来的理论都是在实践中使用过的，这就很有价值。

亚当·斯密

哈哈哈，你的确是知音。要知道我因为这本书激怒了大学和教会里的一些人，也会激怒很多商人。他们已经开始反对我了。

超时空访客

哦，这么快就有反应了吗？

亚当·斯密

教派领袖休·布莱尔4月3号给我写了一封信，是英国1776年的4月3号。我现在是在2400多年前的齐国，布莱尔给我写信是2400多年之后的事，这太有意思了。布莱尔在信中说我戳穿了商人用以混淆整个商业的一切诡辩术，还说我这是为世界做出了重大贡献呢。另外他还说由于我写了大学和教会那两章，所以我已经触怒了很难对付的一批敌手。

超时空访客

所以躲到齐国来还是对的。

亚当·斯密

那除非是不再回去了。我可以不回去了吗？

（亚当·斯密与超时空访客再次回到管子身边。）

——临淄甚富而实，其民无不吹竽、鼓瑟、击筑、弹琴、斗鸡、走犬、六博、蹴鞠者；临淄之途，车毂击，人肩摩，连衽成帷，举袂成幕，挥汗成雨；家敦而富，志高而扬。（《战国策·齐策》）

管子
怎么样，和你们的时代差距很大吧？

超时空访客
咱们之间相距2000多年，变化最大的，基本上都是在物质层面上的，比如我们的时代有飞机和轮船、手机和互联网等等，而你们现在没有，但是除了物质层面以外的精神层面，咱们之间没有太大的差别。例如审美，一朵美丽的鲜花在任何时候看，它在人内心里产生的美感都没有太大差别。

亚当·斯密
这个我同意，人类对美德的认同也是不会改变的。美德无论在哪个时代都是两种美德，一个是别人展现给我的美德，一个是我展现给别人的美德，前者是我看见别人身上具有的温柔、有礼、和蔼可亲，后者是我展现给别人的崇高、庄重、遵守规矩。在任何国家、任何时代，众人之间的公正、谦让和宽厚仁慈，以及我们个人身上体现出来重视尊严、荣誉和遵守规矩，都会被认为是美德，这个不会变。

管子
你们两位所说的，老夫都深以为是。你们能有这样的知见，也是很难得的。

亚当·斯密

管丞相,我所见到齐国的繁荣,令人难忘。通往临淄城外的道路上商旅往来,辇接肩摩,车水马龙,齐国真是一个汇聚天下财富的地方。这为我提供了2400年前的证据,帮助我继续《国富论》里两个主题的研究。这两个主题是:第一,人民的财富是从哪里来的,也就是如何致富;第二,国家的财政开支是从哪里来的,也就是如何保证国家的收入。综合起来就是:民与国,二者如何致富。

超时空访客

斯密先生与管丞相,尽管你们生活的国度不同,时代不同,思考问题的方法也不同,总之就是所谓的“古今中西”的一切差别在你们二位这里全都体现了,但是你们有一个最重要的共同点就是都追求“富国富民”这个目标。

管子

“富国富民”,此言极是。凡治国之道,必先富民。(《管子·治国第四十八》)让人民生活富裕是治国的根本,也是社会教化的基础。故曰:仓廪实则知礼节,衣食足则知荣辱。(《管子·牧民第一》)仓廪充实社会才有礼仪风尚,衣食无忧百姓就会知荣知辱。

亚当·斯密

“富国富民”也是《国富论》的主旨,要想富国富民就要努力提高劳动生产率,财富的唯一来源是劳动。

管子

斯密先生，您对于富国富民有何良策呢？

亚当·斯密

首先是提倡劳动分工！分工可以使人类的能力得到更大的发展，这是提高生产力的首要条件。因此我把"论劳动分工"作为《国富论》第一篇第一章，而且开篇第一句话我就讲了劳动生产力上最大的改进，以及在劳动生产力指向或应用的任何地方所体现的技能、熟练性和判断力的大部分，似乎都是分工的结果。

管子

愿闻其详。

亚当·斯密

我给您举个制针业的例子，……

管子

哈哈，一女必有一针一刀（《管子·海王第七十二》），我对"针"也有兴趣。很抱歉，打扰你了，请继续讲吧。

亚当·斯密

没关系，我继续讲。制针业的工人如果没有经过训练，又不会使用

制针的机器，他即使竭尽全力地
工作，恐怕一天连一枚针也做不
出来。正如你们中国成语说的"铁
杵磨成针"，磨出一根针要毕生的
精力了。但是如果把这个工作分成
不同的工种和不同的岗位，工人可
以在自己的岗位上熟练工作，那么
制出大量的针就不是一件难事。
第一个人抽铁丝，第二个人将其拉
直，第三个人将其截断，第四个人
将其一端削尖，……仅做针头就要
求有三道不同的工序，甚至把针装
进盒子也是一项专门的工作。我统
计过制针可以分成十八种不同的工
序。我在一个小工厂见到几个工人
完成这十八个工序，即使一个人兼
做其中几个工序，即使他们的机器
很差，但是因为他们有分工，他们
依然可以一天生产出很多针来，平
均每人每天可以制造出四千八百枚
针。但是如果他们单独工作，恐怕
一个人一天也做不出二十枚来。分
工，不仅是一个产品制造的分工，
而是全社会各种产品的分工。这样
使得每个工人的个人技能都获得
提升，使劳动效率提高，社会财富
就会大量生产出来。当然，农业的
性质不允许有制造业那么多精细
的分工。

管子

分工能解决贫富差距悬殊的问题吗？

亚当·斯密

我认为"分工"对解决贫富差距悬殊应该是有所助益的。分工可以使各个行业的产量都出现成倍的增长，一个治理得很好的社会所出现的普遍富裕就会扩展到最底层的劳苦大众身上。每一个工人自己劳动的成果，除了满足自己的需要之外，还有大量产品可以出售；其他的工人也一样，能用自己剩余的大量产品交换他人剩余的大量产品或等价物品。他对别人的需求提供丰富的供应，别人也对他的需求提供同样丰富的供应，于是，社会的所有阶层都变得普遍富裕起来。

超时空访客

斯密先生勾划了一幅美好的社会图景。您在《国富论》里还有这样一句话呢，是否不好意思和管丞相说？您说：在一个未开化的社会中，由一人承担的工作，在一个进步的社会里，一般都由几个人分别承担。（《国富论》）

管子

你们那里都是2000多年以后了，就生产水平来说我们现在与你们相比是"未开化"，但是有一些方面人类未必总是进步，可能是原地踏步，甚至可能退步。从"分工"这个角度来说，我们齐国也已经有了"士农工商，四民分业"。所谓

"士"，即闻见、博学、意察之人；所谓"农"，即耕田种地之人；所谓"工"，则是制造产品，讲究式样和功用之人；所谓"商"，乃知生意之贵贱之人。不似以往，人无行业之分。

超时空访客

嗯。我们后来的历史学家发现这几乎是人类历史上第一次社会改革呢。

亚当·斯密

我对你们谈的事情很有兴趣。

管子

我们让士、农、工、商分开居住。处士必于闲燕净地，处农必就农田乡野，处工必就官府作坊，处商必就市井商业。士族荟萃而成学校，在闲燕净地中则父与父言义，子与子言孝，其事君者言敬，长者言慈爱，幼者孝悌。每天从早到晚从事于道德教育，以教其子弟，从小学习，其内心安静，不会见异物而思迁。这样，其父兄的教导，不必严也能教好；其子弟的学问，不用劳苦也能学会。让士之子永远为士。

亚当·斯密

这些"士"里面一定会产生哲学家的。古希腊的哲学家就是来自于生活安逸的那些人。

管子

你们说的哲学家在我们这时称为道德之士或圣贤之人。所谓道生天地，德出贤人（《管子·四时第四十》）。农民居住在田野附近，他们就会谈论如何分别四季，如何安排农业工具和器械，如何按照季节从事农业劳动，如何预测天气，以及学会培护农作物秧苗和清除杂草的知识。天气初寒农民们便去地里备耕，待农时一到，深耕地，均播种，疾盖土。他们先雨芸耨，以待时雨。时雨一来，农民们就会带上各种农具下农田耕作。他们从早到晚在田野里脱衣苦干，区别良莠，调整疏密，头戴斗笠，身披蓑衣，浑身泥水，暴露体肤，竭尽四肢之力，动作熟练地劳作于田间。他们从小学习农业，内心安定，不见异物而思迁。正因为居住在一起，所以父兄言传身教，不肃而成，其子弟的农业知识可以从教育中得到，不用再重复前人从头去实践而获得。农民的孩子就可以一直做农民。农民淳朴而不奸，其聪慧俊秀者转而为士，足以信赖。农民这个群体，他们耕种则粮食多，他们做官则贤人

多，所以我们历代圣王都十分敬重农民。

亚当·斯密

管丞相，您能够如此评价农民让我很感动，很佩服。我知道，中国的政策更鼓励发展农业。据说在你们中国，农民的境况要优于工匠，而在欧洲大部分国家，工匠的境况要优于农民。我听说在中国，每个人最大的愿望就是拥有一块土地，做地主或佃户都可以。因为租种土地的条件很适当，对佃户有充分的保障。（《国富论·第四篇》）

超时空访客

不少人认为斯密先生是只重视商业呢，其实这是对斯密先生和《国富论》最大的误解。

亚当·斯密

相对于农业来说，我们现在的欧洲各国的政治经济学更鼓励发展商业和外贸，即所谓的城市产业。但是对于其他国家，比如中国、古埃及和印度就更多地鼓励发展农业。我认为管丞相讲的非常对，农业必须要重视，不仅重视还要优先发展农业。我在《国富论》里对"重商主义"给予了严厉的批判，我认为农业非常重要，安排资本的使用也是农业一定要排在制造业和商业之前。我们英国在美洲的殖民地能够迅速走向富强的主要原因，就在于把几乎所有的资本都用于农业。假如美洲居民联合起来垄断他们的制造业，将大部分资本用在制造业上，其结果只会阻止而不会加速年产值的增加，只会阻碍而不会促进国家向真实富强的迈进。

超时空访客

中国以往2000多年里都是农业为本、商业为末，看来斯密先生是能够为中国的"农本商末"提供理论支持的。

亚当·斯密

是的，所以我在《国富论》里说，应该按照农业、制造业、批发商业和零售商业的顺序来排队，每一个发展中社会的大部分资本首先应当投入农业，然后投入制造业，最后才投入对外贸易（《国富论·第三篇》）。在每一个有领土的社会里，这种次序是自然的，只有这样经济才能发展。

超时空访客

斯密先生，这您得好好跟我们讲一讲，否则的话人们会误解你的。

亚当·斯密

我可以告诉你们一个事实，如果投入相同的资本，在农业中能够带动更大的生产性劳动。原因是在农业生产中，干活的除了人还有牲畜，而且大自然也和人一起劳动，无需任何花费；而且这些非人力的产品和工资最高的工人生产的产品一样具有价值。农业最重要的作用，不是增加大自然的生产力（虽然也使这种生产力有所增加），而是引导大自然的生产力，使之生产对人类最有利的植物。大自然的工作在整个产品生产中的贡献很少低于四分之一，常常占三分之一以上。用在制造业中的生产性劳动，很少有像农业这样能带来这么大的交由大自然的再生产。在制造业中大自然不起作用，全是由人从头做到尾。所以在农业中使用的资本不仅比在制造业中使用同等量的资本能推动更大数量的生产性劳动，而且能在国家土地和劳动年产品上，在它的居民的真实财富和收入上增加更大的价值。在能够使用资本的所有行业中，农业投资对社会最有利。（《国富论·第三篇》）

管子

斯密先生所言甚是。我们历代圣王皆敬重农业，因为农业里有大自然之神力。中国历史算到我们这时大约经历了七十九代君王，每一代君王虽然法度不一，号令不同，然而都能够很好地治理天下，原因在哪里呢？原因就在于国富粮多。富国一定要粮食充足，粮食是发展农业得到的，历代君王无不以农业为重。

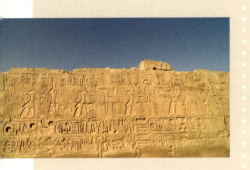

亚当·斯密

我很感兴趣管丞相的"四民分业"，您介绍了"士"和"农"，而且您说"士的孩子可以一直为士"、"农民的孩子可以一直做农民"，这个我非常感兴趣。我在《国富论》里讲到过：在古埃及和印度，全体人民分成不同的阶层或部族，由父至子世袭某一职业或某一种特定职业。僧侣的儿子必定是僧侣；士兵的儿子必定是士兵；农民的儿子必定是农民；纺织工的儿子必定是纺织工；裁缝的儿子必定是裁缝；依次类推，其他亦然。当然在这两个国家里，僧侣阶层占据最高地位，其次是士兵，农夫和农业劳动力的地位都高于商人和工匠阶层。由此可见，在古埃及和古印度与你们中国一样，都出现了这种世袭职业的情况。

超时空访客

在管丞相这个时代，印度雅利安人还只是划分为武士贵族、祭司和平民这三大等级，他们还没有与社会等级有关的诸如世袭职业的制度。

亚当·斯密

嗯。管丞相，请再讲一讲"工"和"商"的情况吧，我很想了解。

管子

在能工巧匠荟萃居住之地，他们挑选良材，根据一年四季的情况，琢磨材质优劣，权衡器物，论等级，定规制，切割截断都会尽量考虑精确与完美。他们在一起相语以事，讨论工艺；相示以功，展示产品；相陈以巧，比赛技巧；相高以知事，相互交流，增益智慧，提高技艺。工匠的子弟在这样的环境熏陶下技艺就会更加高强。早晚从事于此，以教其子弟。他们自幼学习，内心安定，不见异物而思迁。所以父兄言传身教，不肃而成，正因为居住在一起，其子弟的技能可以从教育中得到，不用再重复前人从头去实践而获得。工匠的孩子就可以一直做工匠。而在商人们的居住区，商人们观凶饥，审国变，察其四时而监其乡之货，以此判断市场行情。他们担荷负任，赶牛驾马，周游四方，根据货物供应情况判断多寡，估计商品贵贱，以其所有，易其所无，买贱鬻贵。这样任何珍奇货物都会不求而至，各种货品都可以供应。商人们教育其子弟，相语以利，相示以时，相陈以知贾。了解国内这样从事每个职业的人因为子承父业、世代相传的原因，就会越来越擅长于他的职业。这一点与斯密先生所讲的分工利于技能提升有相似之处。士、农、工、商这四个领域的人民是我们国家的基石。

亚当·斯密

管丞相说的好。我在《国富论》里也是这么说的：能力是分工的结果，而不是分工的原因。

超时空访客
呵呵，你们有点一见如故啊！

亚当·斯密

劳动分工确实是有很多好处，但是我也很想知道人类的劳动分工是怎样出现的。我认为这不是人类智慧的结果，而是人类的一种非常缓慢的发展的结果，比如随着以物易物这种易货交易的行为缓慢而自然形成的。今天能够穿越2400年的时间见到管丞相，我可能出人意料地得到了"丈量"劳动分工的时间进程的机会了。您一定会比我更知道这是怎么一回事。

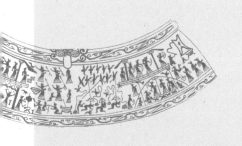

管子

"四民分业"与你说的劳动分工是有所不同的，"四民分业"是一种社会分工，是按照士、农、工、商这四个领域将百姓分开，你所说的劳动分工在很早就有了，未必是一定要随着易货交易而缓慢形成，比如像我们这里的乐师，他们演奏一支乐曲就是有分工的，不同的乐器由不同的人来演奏。所以分工还应该说是人类智慧的结果。

亚当·斯密

哦，这个我没有想到。

管子

我们在官员设置上也是有明确分工职责的。比如制定防火的律令，警戒山林、湖沼、草甸这些自然物产的出产地，依时封禁和开放，保障百姓建房所用的木料和生活所用的柴草，这些都由虞师分管。疏通排泄，修坝筑堤，加固蓄水池，使得农业生产在旱涝时也能有所收获，这些由司空来分管。观察地势高低，土地贫瘠肥沃状况，考察土壤适合何种农作物生长，安排农事，这些都是由田的分工责任。行乡里，视宫室，观树艺，检查六畜，按照农时安排劳作，劝百姓勤勉劳动，这是属于乡师的分工。考核百工，审时度势安排生产，检查产品质量，提倡生产坚固耐用产品，监管五乡百姓，按时统筹，并使华而不实的产品不敢在流通于市，这是工师的分工职责。

亚当·斯密

很好。不过看来管丞相和我尽管都是涉及到了"分"，但是还是有本质的不同。管丞相的"分"在

"四民分业"中是社会群体的职业之分，刚才说到的虞师、司空、由田、乡师、工师，这五个人是官员的职责之分。我说的"分"是劳动分工，是以追求财富为目的的，合作是劳动分工所要求的形式。因此我所说的"劳动分工"内含一种本质，这就是"交换"或者叫"交易"，因为我们所需要的他人的帮助大多是通过契约、交换和交易而相互取得的，而最初造成劳动分工的也正是产生于这一相互交换的倾向。

管子

我明白你说的。我们以前的国君让农、士、商、工四民交能易作，终岁之利无道相过也（《管子·治国第四十八》）。农、士、商、工四个行业的百姓彼此学习技能，互换职业，这样百姓的收入彼此不会相差悬殊，从而实现各业均衡。交能易作使得百姓即使各自操持他的本业，田地也都不会荒芜。因为没有贫富差异，社会上也就不会有奸巧之事。

超时空访客

看来古代分业是没有商品交换的。然而现在的劳动分工是会出现贫富差距悬殊的问题，怎么解决呢？

管子

解决这个问题，要做到"利出一孔"。

亚当·斯密

什么是"利出一孔"？

管子

"利出一孔"就是经济利益由国家掌控。

亚当·斯密

这个我坚决不能同意！我认为应该放开让"看不见的手"调节，不应该由国家来掌控。

超时空访客

哈哈。终于说到"看不见的手"了，这是斯密先生《国富论》里最引人注目的内容啊。不过斯密先生我得提醒您，您在管丞相这里可能会有惊人的发现！

亚当·斯密

是吗？难道我的"看不见的手"遇到什么问题了吗？

超时空访客

不是您的"看不见的手"遇到了问题，是它让后世遇到了很多严重的问题。

亚当·斯密

我不明白，你能告诉我出了什么问题吗？

超时空访客

好的，斯密先生。能不能先请您再把"看不见的手"给我们表述一下呢？

亚当·斯密

我在《国富论》里是这样写的：由于每一个个人都尽可能地利用其资本来维护国内产业，并且努力经营，使其产品的价值达到最高的程度，因此，他就必然尽力使社会的年收入尽量增大起来。的确，他通常不打算促进公共利益，也不知道他自己在什么程度上促进那种利益。在此种情况之下，与在其他许多情况下，有一只看不见的手在引导着他去尽力达到一个他并不想要达到的目的，而并非出于本意的目的也不一定就对社会有害。他追求自己的利益，往往使他能比真正出于本意的情况下更有效地促进社会的利益。

超时空访客

是的。全世界都说亚当·斯密先生讲了两点：一、人都是利己而非利他的；二、人因为自利而在并非本意的情况下到达利他。

亚当·斯密

是的，我清晰无误表达了这个意思。

超时空访客

那么接下来请您说说，在《道德情操论》开篇第一章第一段第一句您说了什么？

亚当·斯密

我在《道德情操论》开篇是这样写的：人，不管被认为是多么地自私，在他人性中显然还有一些原则，促使他关心他人的命运，使他人的幸福成为他的幸福必备条件，尽管除了看到他人幸福他自己也觉得快乐之外，他从他人的幸福中得不到任何其他好处。

超时空访客

按照您的意思，人是无条件利他的，必然利他的。因为您说了人即使得不到任何其他好处，也会使他人的幸福成为自己幸福的必备条件。可是您在《国富论》里又说：

人都是利己而非利他的；即使表现为利他，也是人出于自利而并非其本意。斯密先生啊，您这两本书里的意思是截然相反，这已经变成了后世干扰全世界的最著名问题了——"亚当·斯密问题"。您没有想到吧，因为"斯密问题"没人能解开，全世界已经很长时间睡不好觉了。

亚当·斯密

利己是"经济人"，利他是道德人，这不是很清楚吗？

超时空访客

然而这两个截然不同的，完全对立的"人"，彼此如何面对？如何统一？

亚当·斯密

人们都具有这样的两面性，本来就是统一的。

超时空访客

可是，《国富论》似乎只肯定了"经济人"。人都是利己而非利他的，这实际上是否定了"道德人"。而"自利利他"的原则就更是将人对社会所做的贡献，解释成了：人并非出于本意为社会做贡献，而是通过"自利"的行为，个人好了，社会也就好了。"自利"超越"利他"，"自利"带来"利他"，"自利"因此就具有了天然的正义性。后世之人打着天然正义的旗子，走向极端利己主义，这面旗子就是您给的。

亚当·斯密

有句古话："所有逝去的人都可能被变成活人任意打扮的玩偶。"事实上，看来我也没有逃出这个魔咒，被别人拿去走向极端。

超时空访客

自由主义（往往自由主义都伴随着个人主义）加上私有制的道德正义性，自由资本主义呱呱降生了，自由市场经济成为普世价值。如果裁判判定谁不是自由市场经济，谁就要受到"制裁"。但是，作为裁判标准根基的"自利利他"原则本身却陷在"斯密问题"中无法解脱。

亚当·斯密

我的学术研究怎么会变成"斯密问题"？而且，我好像从来没有说过"资本主义"这个词汇。

超时空访客

在形容您所勾划的社会体制时，您的确没有说过"资本主义"这个词汇。但是您却用了无缺的自由和正义体制以及来自自然的自由制度。您

亚当·斯密

确实是这样，我提倡的是一个自由开放的商业体制，其实这是一种生活方式。一切人都要依赖交换而生活，或者说，在相当限度内，一

其实是要把您对自然的观点与国家体制联系起来。

切人都是商人,同时,社会本身亦就成了所谓的商业社会。因此说,我所提倡的既是一种生活方式,也是一种社会体制,其目的是让人性获得自由发展,这符合我的自然学说。我在《道德情操论》中说过这样的话:在所有动物的成形过程中,自然似乎是一直在鼓励自我保存与物种的繁殖。人类也会渴求实现这样的目标,而对与这种目标相违背的东西则怀有抗拒;人类会喜爱生命而害怕它的瓦解;人们会追求物种继续永恒地生存下去,而对物种是否会彻底绝灭的念头感到厌恶。但尽管上天赐予我们这样的天赋,让我们对这些目标抱有强烈的欲望,然而上天却从不把可以实现这些目标的恰当手段交付给我们那显得迟钝和立场不坚定的理性的手中。为了实现我们这种欲望的大部分,自然将我们引向人的原始和直接的本能上。饥饿、口渴、性欲、热爱享乐和畏惧痛苦等天生的本能,使得人们想方设法去满足这些本能,然而没有想到的是,这也是自我保护的手段,并且还会导致更加有利的结果。这种结果是那个叫做"自然"的伟大指挥者存心导致的。

超时空访客

斯密先生，您正在走向中国的"玄学"，您可能意识不到哦。

超时空访客

斯密先生，这就是中国人所讲的"道"呀！对于"道"的认识和运用，这可是管丞相的过人之处。听听管丞相怎么说？

亚当·斯密

我不知道什么是"玄学"，我只知道有个伟大的力量叫"自然"。

亚当·斯密

管丞相，还是请您把我从"斯密问题"下拯救出来吧。

管子

斯密先生，你是如何认识到"自然"的？

亚当·斯密

那是我到格拉斯哥大学上学期间，我遇到了令人尊敬的哈奇森教授，我永远都不会忘记他的。他告诉我们"道德上的善的标准在于增进他人的幸福。而人们即使不知道上帝，或者在知道上帝之前，也能够识别善与恶"，人们这种先天的禀赋——对善的向往，不是一种自然本有的吗？

管子

是的。斯密先生说的这种自然的秉性对于万物都有，万物在自然中生化，这在我们来说叫做万物以生，万物以成，命之曰道（《管子·内业第四十九》）。万物的生与长都是

"道"的作用。道法自然,"自然"即"道","道"即"自然",道的运行是一种自然而然的情况,是自然无为的。

超时空访客

精彩！管丞相,齐国真不愧是黄老思想的原生地！我们在2000多年之后能找到的最早的关于"黄帝"的文字记载就是齐威王陈侯因齐敦铭文中。管丞相,"齐威王与陈侯因齐"事关天机,不可泄露,请原谅我不能道出原委。

管子

国有四维,礼义廉耻,四维不张,国乃灭亡。谨四维,难啊,后世必定会越来越乱,你不必告诉我。道也者,动不见其形,施不见其德,万物皆得以生(《管子·心术上第三十六》)。所以你们说的那个叫做"自然"的伟大指挥者在我们来说称之为"道",所谓虚无无形谓之道,化育万物谓之德(同上),道是看不见,摸不着的,但是它又真实存在,万物都因为有它而在一种自然而然的状态下从产生到成长,最后到灭亡,这种能够看得见的,体会得到的存在与变化,就是道的作用,我们称之为德。道满天下,普在民所,民不能知也(《管子·内业第四十九》),道充满整个宇宙,在这个世界上无处不在,只是百姓不能察觉而已。道的表现就是自然无为,一切都是自然而然地存在和发展。

亚当·斯密

我写过一篇论文《古代物理学史》，我在里面说过跟你们同样的观点，你们说的"道"就是我在论文里所讲的普遍意志，它以一般法则来治理全部事物，作为一个连贯的体系，这个宇宙是受它的普遍目标来管治的，即促进它本身以及所有在这系统内的物种的维持与繁荣兴旺。

超时空访客

斯密先生对"看不见的手"的论述看来是出自于多方面的感悟。

超时空访客

当然！不要忘了，中国自古就是一个知"道"的国家，"道"是什么？"道"就是"看不见的手"。"治大国，若烹小鲜。以道莅天下"。中国有一部论述"看不见的手"的书叫《道德经》，"道"的思想在中国一直流传，如果说中国文化是被"道"浸透了的文化一点都不为过。据传说《道德经》是一位叫做老子的中国古代思想家所著。这个老子本名叫老聃，他是公元前571年出生的，大约比管丞相晚出生164年。当然也有很多人认为《道

亚当·斯密

现在看来，中国人对"看不见的手"应该是早就有深刻的认识呀。

亚当·斯密

我开始担心了，你们会不会把"看不见的手"的专利权拿走？你们这么早发现了"看不见的手"，想必也是在"看不见的手"的调节下去做事的。

管子

依"道"而行，那是非常自然而然的事。后人都还记得我说过的"市者，货之准也"这句话吧？

亚当·斯密

"市者，货之准也"是什么意思？

德经》应该是另一个出生还要晚一些的叫做太史儋的人所编著，里面有一些选文应该是出自稷下学宫先生们的手笔。这个稷下学宫是在管丞相之后二三百年在齐国出现的一个人数达"数百千人"的"中央研究院"，里面有很多学者都在研究管丞相的思想。管丞相也是有道高人，是"道"思想的大师。"道"的"自然无为"是中国几千年来非常重要的思想，一直发挥着作用。

超时空访客

哈哈哈，斯密先生，这是中国古汉语里标准的"……者……也"句式，这是给"市场"下定义呢，这句话的意思就是"市场是货物交易的准则"，"准"就是市场交易里卖主与买家最终成交的市价。用大家都听得懂的话来说就是："物价由市场决定！"

亚当·斯密

MY GOD! 公元前700年你们就真的这么说了吗？这很让人惊奇。

管子

这样很自然的事情。万事万物原本就是这样自然而然地生育和成长，万物以生，万物以成，命之曰"道"（《管子·内业第四十九》），这就是"道"，不是这样的吗？世界上的一切事物都有它的自然状态，世界上的一切变化发展也都有它自然的运行规律，这就是我们体悟到的"天道"，它是"虚静无为"的。"天道"与"人道"是合二为一的。天道之数，人心之变（《管子·形势第二》)。天之道，人之情也。天道人情，通者质，穷者从，此数之因也（《管子·君臣下第三十一》)。天道即是人情，此所谓"道始于情"。上古之时，伏羲造六法以迎阴阳，作九九之数以合天道，人间从此有了文明。天地人合而为三才，各有其制，天道以九制，地理以八制，人道以六制。以天为父，以地为母，以开乎万物，以总一统（《管子·五行第四十一》)。立政出令用人道，施爵禄用地道，举大事用天道（《管子·霸言第二十三》)。因此我们按照"道"的行为方式来做事，就是自然的，正确的。

超时空访客

人能体悟"天道"，从而使"人道"合乎"天道"，这就是中国文化传统里的最根本点："天人合一。"

亚当·斯密

太有意思了。你们从天上还得到了什么呢？

超时空访客

"天"给中国人的启示太多了。你们西方经济学里讲的很多东西，中国人在管丞相这个时代就已经从"天"的启示里得到了，比如：供求关系理论、价格围绕价值上下波动的理论。管丞相，您快给斯密教授说说您的"物多则贱，寡则贵"吧。

管子

物多则贱，寡则贵。散则轻，聚则重。人君知其然，故视国之羡不足而御其财物。谷贱则以币予食，布帛贱则以币予衣。视物之轻重而御之以准，故贵贱可调而君得其利。（《管子·国蓄第七十三》)

亚当·斯密

听不懂!

超时空访客

哈哈哈哈,管丞相这段名言可不得了。"物多则贱,寡则贵",这就是供求关系理论啊!前四个字说的是供大于求时物价就低,后三个字说的是供小于求时价格就贵。

因此国家政府可以通过"散",即抛售,使物价降低;也可以通过"聚",即回购,使物价升高。这就是管丞相所谓的"散则轻,聚则重"。"人君知其然,故视国之羡不足而御其财物"这句话的意思是,国君懂得了这个规律,就可以根据国内物资供应量是充足还是匮乏的情况,来管理国家经济。管丞相后面说的话,就是具体做法,谷物市价低贱时用货币收购,布帛市价低贱时也用货币收购,这样谷物和布帛的价格就会回升。根据市场上商品价格的轻重高低来这样操作驾御,就可以使得物价得以调节,在这种"高卖低买"的调解中国家还可以从中获利。

亚当·斯密

你让我很担心了。我不赞同国家控制市场、控制物价。我认为市场是自然调节的,应该让"看不见的手"来发挥作用,不应该国家来掌控。

超时空访客

哈哈哈哈哈，我知道斯密先生听了以后会这样说的。但是您多虑了。管丞相这样做恰恰是更好地发挥了"看不见的手"的力量。管丞相的政府只是作为市场游戏的参与者，而不是游戏规则的制定者呀。

亚当·斯密

你说的也很有道理，政府这样做的确没有制定规则。

管子

你们可能想知道我为何如此。如果是好年景，市场上粮食多得卖不掉，连猪狗都吃人的食物。可是若遇到凶灾之年，市场上就会粮价奇贵，百姓饥饿买不起粮食以至于道路上都是饥民。这是土地不给力带来的粮食匮乏而不足以养活人民吗？不是！往年粮食卖得那么贱，猪狗食人食，百姓手里没有存粮，所以遇到灾荒年就粮食匮乏了。货物价格低贱的时候，价格连一半的成本都不到，百姓生产就会赔本；而当货物价格贵的时候，则出十倍的价钱也买不到东西，百姓就会没有粮食吃，没有物品用。这种情况难道是因为财物缺少以致供应不足吗？也不是！真正的原因是丧失了调节民间资财的机会，等到市场出现了严重失衡，就会出现大问题。所以好的办法就是在民间出现匮乏的时候，把国家的储备拿出来增加供给，而在平时民间市场上物资供应富裕的时候，国家适当收储一些。在价格低的时候

收购存储, 在价格高的时候卖出储备, 国家还会有十倍的利益, 既可以扩充国家财力又可以起到平抑物价的作用。

管子

这些都是驾轻就熟的。所谓使万室之都必有万钟之藏, 藏镪千万; 使千室之都必有千钟之藏, 藏镪百万。春以奉耕, 夏以奉芸。耒耜械器, 种镶粮食, 毕取赡于君。故大贾蓄家不得豪夺吾民矣(《管子·国蓄第七十三》)。

超时空访客

这个里面有很了不起的经济学思想。请问管丞相, 你们是怎么用于治国实践的呢? 如果能够运用到国民经济的管理里, 那这就已经不是一般的经济思想萌芽了, 而是一套成熟完整的理论, 因为处在"萌芽"状态的思想是不可能在实践中大规模实施的。

超时空访客

管丞相, 我听懂了这段话, 我来给斯密先生解释一下。管丞相说他们在拥有一万户人口的大城市必保持万钟粮食的仓库储备, 同时储备货币也要达到千万; 让拥有一千户人口的中等城市必保持千钟粮食的仓库储备, 同时储备货币也要达到百万。以此等规模的粮食和货币储备, 根据市场形势进行买进或者卖出的操作, 来调节物价。春天要播种又是青黄不接时, 国家为农民的生活和生产耕种提供贷款, 到了夏天为农民的田间作业提供支持

亚当·斯密

明白了, "利出于一孔"就是经济权益由国家掌控。尽管我觉得管丞相说得很不错, 但是我依然不赞同国家干预经济, 国家干预会带来很多问题。

帮助,让农民置办农具和种子以及生活口粮都必须要通过国家来得到帮助,不给巨商富豪从中渔利掠夺百姓的机会。斯密先生,利出于一孔的道理,你现在理解了吧?

超时空访客
我觉得管丞相介绍的情况里面还透露出了两个信息:一是能够在官僚体系里如此大规模地运用这些经济学规律来实际操作,这必然是一个成熟而又完整的理论体系,而非仅存于个别"经济学家"的头脑里的思想。二是官员廉洁,因为这是一个权力下放贴近市场才做到的及时调节,如果不是官员自律就很容易出现失控。

亚当·斯密
那么请问管丞相,您真地认为国家可以掌控市场吗?

管子
齐侯曾问我:"市场的平衡供求关系有没有定数?"我答:"没有定数。平衡供求就意味着物价有高有低,不能固定在一个位置上。"齐侯又问:"那么市场供求平衡能不能由国家来管控?"我的回答是:"国家不可以管控"。国家一旦管控,市场就被管死而僵化。

亚当·斯密
嗯。经济中存在这种现象,管丞相您觉得这是为什么呢?

管子
商品供应是跟着一年四季的时节变化而变化的,市场通过价格变化随应供应量变化,从而使市场供求平衡,如果老的供求平衡遭到破坏就会立即产生一个新的平衡来替代老的平衡。这是自然调节的结果。

超时空访客
这不就是"看不见的手"吗?

亚当·斯密
但是,管丞相你们还是插手市场了,不是吗?

管子
圣人参于天地。作为国家管理者必须与天地配位,懂得天地给你的启示,然后按照天地的方式去替天行道。道生天地, 德出贤人。道生德, 德生正, 正生事(《管子·四时第四十》)。天道运化天地,而体现在人身上的"天道"就是"德",贤人就是体会天道的有德之人。故德出贤人。道的显现是德,德不偏不倚,落实于人间事务,由有德之贤人来实施。有德之人才能成为国家管理者,他们参于天地,只是按照天道做事,并不自己制定天道规则。所以国家行为采取自然无为,仅仅参与市场,但是不制定规则——天道。

治国之道，富民为先

亚当·斯密

看来，管丞相是政治家，不能不做，而我只是一个学者，只说不做。

超时空访客

斯密先生，您不认为管丞相有那多精妙的经济学思想也应该是学者吗？

亚当·斯密

即使是学者也是政治学者，哦不，政治经济学者。但他的立场是官方的立场。

超时空访客

您的书说到了两个不同的目标：第一个是为人民提供充分的收入或生计，更恰当地说，是使其能为自己提供这样的收入或生计；第二个目标是，为国家或社会提供足以提供公共服务的收入。（《国富论·第四篇》）您还说政治经济学的目标是使人民和君主都富裕起来。您难道不是政治经济学者吗？

亚当·斯密

但是我并没有完全站在官方的立场上，我是一个学者的立场。我反对英国政府多年实行的"重商主义"。这里请允许我向管丞相解释一下什么是"重商主义"。简单地说，"重商主义"认为只有金银才是国家的财富，所以大量储备贵金属。我们的政府认为得到货币是最重要的，因为他们说只要能得到货币，随后再购买任何商品都毫无困难。因此就有了一系列荒唐的观念：商品的价值就是以能交换到的多少货币而定；甚至说谁是富人也是以货币为标准的，有大量货币的人就是富人，而只有少量货币的人就视为穷人；致富就是得到货币。简言之，财富与货币在任何方面都是同义词。他们认为金银是财富中最稳固和最实在的部分，他们惧怕国际贸易逆差，追求国际贸易顺差，为的是要把金银留在国内。比如说我们欧洲的西班牙和葡萄牙都拥有向欧洲供应金银的矿山，然而这两个国家以最严厉的刑罚禁止出口金银，或者对出口金银课以重税。这种类似的政策是古代欧洲大多数国家政策的一部分。这就是重商主义的典型表现。

超时空访客

斯密先生，您是反对"重商主义"最有力量的人物，您反对他们的理由是什么呢？

亚当·斯密

因为"重商主义"认为本国的金银货币与本国的财富是划等号的，因此他们认为使国家致富有两大引擎：一个是限制进口，一个是奖励出口。限制进口有两种手段：其一，只要能在本国生产的产品，不论从哪个国家进口都要加以限制；其二，对于从与自己产生贸易逆差的国家进口任何货物都要加以限制。他们鼓励出口的办法是：采用退税或者奖励，或者与外国订立有利的贸易条约，甚至在遥远的国家建立殖民地。他们这样做的目的就是为了使贸易差额有利于本国，从而增加国内的金银数量。但是事实上，"重商主义"的这些做法严重影响了国家财富的增长，在很多国家出现了严重问题。要知道，国际贸易中国民财富的实体是商品而不是货币，其来源也不是流通而是生产；提高生产效率和增加国民财富的根本途径在于深化劳动分工，在于增加资本积累和生产性资本，同时还要大力提倡自由经营和自由贸易，反对国家干预。这些才是富国富民的正途，如果认为只有货币是财富，从而监管金银出口，甚至把贸易差额当做导致国内金银数量增减的唯一原因，这简直就是毫无意义的守财奴的做法。当然，管丞相，你们这个时候可能对货币的情况还没有太多的认识。

超时空访客

斯密先生，这您可说错了。我们后世的人把货币称作"通货"或者"硬通货"，这个概念可是从管丞相这里来的呀。

管子

嗯。黄金刀币，民之通施也。（《管子·国蓄第七十三》）

超时空访客

斯密先生，管丞相说金属和货币是人民交易流通的工具，这么直截了当的精准表述，您不觉得惊奇吗？

亚当·斯密

我很惊奇，也很好奇。

超时空访客

那咱们再听听管丞相对货币的论述。

管子

其实对于货币的发明，可不是我们这个时代，早在禹汤的时候就有了。汤王有七年大旱，禹王有五年洪水，人民没有吃的就去卖孩子，汤王以庄山上的金属铸币，赎回人民卖掉的孩子；禹王以历山上的金属铸币，赎回人民卖掉的孩子。我曾经建议齐侯：请立币，国铜以二年之粟顾之，立黔落。力重与天下调。彼重则见射，轻则见泄，故与天下调。泄者，失权也；见射者，失策也。（《管子·山权数第七十五》）

超时空访客

管丞相这几句话，斯密先生应该很受用的。

亚当·斯密

可惜我听不懂了。

超时空访客

管丞相说他曾经向齐侯建议：应该铸造货币。储备两年的粮食来雇人开采国家铜矿，并且设立冶炼铸币的工场。铸币的同时要注意与别国保持一致的物价水平。管丞相的言外之意是防备铸币可能会引起物价变动。管丞相说，如果本国物价高了，别国就会来倾销获利，如果本国物价低了，物资就会外流，所以铸币时要保持物价与天下

亚当·斯密

是的，管丞相如此早就意识到物质财富的重要性，很佩服。

管子

对于我们这个时期来说，粮食是与人民性命攸关的最重要的财富。齐侯曾经问我："若要终身享有天下而不失去，有没有办法？"我的回答是不失天下的最关键之处在于不失去国土。为什么这么说呢？

各国的物价水平协调。物资外流就等于本国失权，被人倾销获利就等于本国失策。斯密先生，您看管丞相关注的是物质财富，这不正是与您抨击的"重商主义"不顾物质财富流失而拼命获取金银的做法相反吗？

因为国土面积的广狭和土壤的贫瘠肥沃都是定数，一年的粮食生产和消耗也是固定的，要想守住国家，就要守住粮食。而且还要用有吸引力的粮价使别国的粮食尽可能贩运到齐国来，如果其他诸侯国的粮价是十枚铜钱，我们就要给出二十枚铜钱的价格，这样诸侯国的粮食就跑到我们国家来了；如果诸侯国的粮价是二十枚铜钱，而我们的粮价是十枚铜钱，那么我国的粮食就会流失到别国去。所以善于掌握天下的国君，要谨守较高的粮价，这样我国的粮食就不会泄散掉了。粮食流向高粮价的地方，就像水流向低处一样。我国用货币收藏粮食，促使粮价加倍上涨，诸侯国的粮食就加速流向我国。我国多收贮一分就会导致诸侯国流失一分。此所谓利不夺于天下，大夫不得以富侈。以重藏轻，国常有十国之策也。故诸侯服而无正，臣横从而以忠，此以轻重御天下之道也，谓之数应。（《管子·山至数第七十六》）

超时空访客

管丞相最后说的意思是, 如此做法, 天下其他诸侯国便不可能从齐国夺走利益, 齐国的士大夫也无法与国君争夺粮食去操控市场谋取暴利。不必各啬金银, 要用金银货币购粮囤粮, 这样国家的财富可以顶上十个国家的财富。以至于即使诸侯国想来征服也没有粮食支持作战所以只能臣服, 本国大臣也会忠心耿耿, 这就是管丞相驾御天下的轻重术。

亚当·斯密

太精彩了! 管丞相讲的这个事情可以作为一个非常精彩的案例, 是对"重商主义"的有力驳斥。但是我也很为管丞相担心了, 人家粮价十枚铜钱, 您出价二十枚铜钱, 请问你们哪里来这么多的货币?

管子

我们齐国, 地之东西二万八千里, 南北二万六千里。其中山地八千里, 河流八千里, 出铜之山四百六十七座, 出铁之山三千六百零九座(《管子·地数第七十七》)。这些都是货币的来源。山上有赭者其下有铁, 上有铅者其下有银。甚至说上有铅者其下有鈆银, 上有丹砂者其下有鈆金, 上有慈石者其下有铜金(《管子·地数第七十七》)。这些都是山上显露的矿苗, 我们也称之为"山之荣"。若见到"山之荣", 立即封山设为禁区。有动封山者, 罪死而不赦。国家严加保护不允许随意挖掘开采, 此天财地利之所在也。

亚当·斯密

由此看, 管丞相的齐国真是一个文明发达的国家, 还记得我在《国富论》里说过的一句话吗? 货币在所有文明国家中变成了普遍的商业媒介，所有各类货物通过它来进行买卖，或彼此进行交换。

管子

地者政之本也，朝者义之理也，市者货之准也，黄金者用之量也（《管子·乘马第五》）。

超时空访客

管丞相这几句"土地是政权之本，朝廷是等级名分的表现，市场是物价的标准，货币是价值的体现"，这说出了货币在交换工具之外的又一个职能——价值尺度。而这一点也正是后来有人所指出的斯密先生货币论的不足之处。斯密先生货币论里只提到货币具有交换工具或流通工具的作用，没有意识到货币还具有价值尺度和支付工具等等其他职能。

亚当·斯密

我在《国富论》里是在批驳欧洲广泛实行的"重商主义"时才谈到货币的，当然我所说的劳动分工必然地要有交换，货币是交换的必然产物。至于价值尺度的问题我并非没有讲过，我在演讲中说过：由于金银成为价值的尺度，它也就成了交易的工具。同时我也讲了：但应该注意，货币并不是价值的真正尺度，价值的真正尺度乃是劳动。（《亚当·斯密关于法律、警察、岁入及军备的演讲》）

超时空访客

斯密先生，您已经有了用劳动来衡量价值的思想了，这个思想对后世的影响是相当有威力的。但是，你们欧洲的"重商主义"也强迫中国签了很多不平等条约，成了列强的

亚当·斯密

是的，重商主义者们还一直在强调为了战争就必须积累金银，这也是非常站不住脚的，只有国家土地和劳动产品才是我们能进行战争的根本资源。我这里还有一个可以看

殖民地。

出"重商主义"错误的例子,例如西班牙和葡萄牙,他们每年进口的全部金银一般都不会超过六百万镑,在某些年份,都不够支付上一次战争四个月的开支。

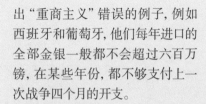

管子

你们从观念到做法都存在问题。你们要么为了战争积累财富,要么为了获取财富而发动战争;然而我认为积累财富是可以消除战争的。我们分两个方面说,先说"财富",然后再说"战争"。所谓:凡有地牧民者,务在四时,守在仓廪。国多财则远者来,地辟举则民留处。(《管子·牧民第一》)作为国君应当重视农时,财富随着一年四季而生,这与斯密先生的观点是不谋而合的。国家的财富多了,远处的人们就会来亲近;土地得以开垦使耕者有其田,人民就会留下来安居乐业。财富所带来的是祥和而不是战争,是人民因丰衣足食而守礼节、知荣辱。不务天时则财不生,不务地利则仓廪不盈。所谓仓廪实则知礼节,衣食足则知荣辱,上服度则六亲固,四维张则君令行。(同上)治国必须提倡"礼、义、廉、耻",这是国之四维,四维不张,国乃灭亡。

超时空访客

"国之四维"是比喻国家如同一个大帐篷，"四维"就是拉住它四个角的绳索。

亚当·斯密

管丞相，您讲了富民，又从富民讲到了人的道德，但是君王的财富呢？

管子

我给你们讲一个真实的故事。有一年，我和濕朋陪在齐侯左右，说话间有一行大雁从头顶上飞过，齐侯仰望大雁非常动情地对我和濕朋说："仲父，您看天上的大雁有时南去，有时北来，时而往时而还，天下对于大雁来说再远似乎也不算远，想去哪里就去哪里，这还不是因为它们有双翼之故，因而能尽其所愿飞到天下任何地方，不是吗？"齐侯显然是希望我与濕朋能表明我们是他的双翼，但是我们谁都没有回答。齐侯有点不满意了，责备我："仲父一言不发，也不指导寡人，我长着两个耳朵到哪里去听闻正道求得正法呢？"见齐侯如此说，我也只得直言告诉齐侯，国君如果要想成就强国大业必须从根本入手。齐侯马上问我："何为根本？"我告诉他："齐国百姓，公之本也！"对此齐侯不仅没有生气，反而非常认可。第二天在太庙前向百官发布爱民的命令，将税收

降到1%，孤幼者不得处刑，山林水泽的采掘渔猎按时令开放，商旅通过边境只检查不缴税，市场上交易也是只书契不征税。近者示之以忠信，远者示之以礼义。此制度实行了几年之后，人民归附如流水。什么原因呢？富民政策使然。凡治国之道，必先富民（《管子·治国第四十八》）。国家的治理、国君的财富都是要以民富为先，百姓富了，国家与国君才会好。所谓民富君无与贫，民贫君无与富（《管子·山至数第七十六》）。

亚当·斯密

"民富君无与贫，民贫君无与富"这句话说得太好了。这句话也常常挂在我的法国朋友的嘴上，他们说："农民贫困，王国就贫困；王国贫困，国王就贫困。"

管子

富而治，此王之道也（《管子·治国第四十八》）。大家有此共识，甚好。

超时空访客

在欧洲说这话的应该是"重农主义"的先生们吧？

亚当·斯密

是的，是杜尔哥先生他们说的。

管子

要想治国必先富民。夫霸王之所始也，以人为本（《管子·霸言第二十三》）。天下莫不如此。

亚当·斯密

您讲的富民是富国之本的故事我觉得非常好，还有边境只检查不缴税，市场上也是只书契不征税的事情，我认为这对贸易也非常有好处。我曾经建议我们英国，应该把不列颠宣布为自由港，停征所有的税，关税和消费税等。当然咱们处在不同时代，很多事情都很不一样，自由贸易对我们国家的好处是增加财富，对你们的好处是收拢人心。您可否再谈谈国君的财富？

管子

"国富五事"。国君要做的这五件事是富国的关键：山泽救于火，草木植成，国之富也；沟渎遂于隘，障水安其藏，国之富也；桑麻植于野，五谷宜其地，国之富也；六畜育于家，瓜瓠荤莱百果备具，国之富也；工事无刻镂，女事无文章，国之富也。（《管子·立政第四》）

超时空访客

呵呵，还是我来翻译一下吧。管丞相说的可以让国家财富增长的五件事包括：山川湖泽要注意防火，这样就会草木茂盛，植被生态受到保护，这就是国家的财富；大沟小溪疏通无碍，湖泊池塘蓄水充足，河岸堤坝安稳牢固，这是国家的财富；桑麻遍植于野，粮食五谷种植因地制宜，这是国家的财富；百姓家里六畜兴旺，瓜果蔬菜应有尽有，这是国家的财富；工匠不迷恋于精雕细刻，女工不迷恋于繁华异彩，这还是国家的财富。

管子

如果做法相反的话，那便是国之贫。

亚当·斯密

前四件事还是容易理解的，第五件事"工事无刻镂，女事无文章，国之富也"，我不理解，难道不应该追求技艺的精益求精吗？对制造品追求精美不好吗？

超时空访客

斯密先生，在古代社会里，资源匮乏，生产力水平比较低，人民常年劳作，衣食日用依然都还紧缺，衣不裹体、食不果腹经常会有。但是如果那些追求"精雕细刻"之人的收入比常年辛苦种地的人多很多，那么大家就会荒芜农田，放弃农业生产而去从事各种手工业，这样国家就会粮食减产，仓廪空虚。这种情况下，任何一点事情都会变成无法应对的灾难，百姓就会大量饿死。所以古代社会以保障基本生存条件为首要，以工巧为末技。

亚当·斯密

嗯，谢谢超时空访客的解释。管丞相，我所认为的国家或者君主的财富与您所讲的"国富五事"还是不同的。我把国家的收入归纳为两个渠道：第一是专属于君主或国家的，而与人民的收入没有任何关系的那些钱，这是由资本或土地构成的；第二是来自于人民的收入，主要是税赋。我先说说第一部分，君主是可以利用资本赚钱的，如果君主亲自使用资本，这就是投资，收入就是利润；如果君主把钱借给别人，那么这个收入就是利息。

超时空访客

我在《国富论》上看到您提到了鞑靼人和阿拉伯酋长。

亚当·斯密

对，他们的收入都是来自于经营的利润。因为他们是本部族的主要畜牧者，亲自监督管理饲养牲畜，收入来源是牛奶和所饲养牲畜的增加。而小共和国常常可以从商业利润中获得相当多的收入。

超时空访客

您说的是汉堡共和国吗？

亚当·斯密

是的。汉堡的大部分收入就是来自于国营酒窖及国营药店，这些都是商业利润收入。威尼斯和阿姆斯特丹也和汉堡差不多是一样的。如果是一个大一点的国家，国营银行的利润就是一个可观的收入来源。很多人认为就连英国这样大的帝国也时刻惦记着这种来自于银行的收入。但是经验表明，像威尼斯及阿姆斯特丹那种贵族统治下的有秩序、谨慎、节约的政府才适合这样做，而像英格兰政府，不管它有什么优点，它都不善于理财。在和平时代，君主国要想去经营这种事业总是会由于傲慢与懒怠而造成浪费，战时又常常出现在民主国家里很容易发生的因疏忽而导致的浪费。君主的性格与商人们的性格太格格不入了。君主的生意代理人与君主们过着一样富裕

的日子，所以即使出现浪费，这些代理人也能捏造账目，他们其实在偷盗和掠夺君主们的财产。

超时空访客
这种情况是不是普遍现象？

亚当·斯密
很普遍。相对于难以管理的资本投资获得收入来说，土地的收入对于君主来说是一种比较稳定和持久的收入，大国的公共收入大多是来源于国有土地出租所收的地租。古希腊和意大利两个共和国的大部分必要开支，在很长时间里都是从国有土地的产品收入和地租收入里来负担的。而以往欧洲各国君主大部分收入在很长时间里也来自于王室领地的地租。但是到了欧洲国家进入现代文明以后，以国有地租为大部分公共收入的情况已经不复存在了。因此，作为君主或者国家所特有的两项收入源泉，即公共资本和土地，现在的情况是既不适合也不够支付任何一个庞大的现代文明国家的必要开支，这些必要开支的大部分必须依靠税收。换句话说，税收就是人民必须从自己私有的收入中拿出一部分上缴给君主或国家，以弥补公共收入。

超时空访客

这样做人民会情愿吗?

亚当·斯密

那也没有办法。君主除了不可以干预市场以外，他还有三个职责：君主的首要职责是保护社会不受其他独立社会的侵犯；第二个职责是尽可能保护社会所有成员不受其他成员的欺侮或压迫；第三种义务是建立和维持那些对于整个社会来说关系重大的公共机构和公共工程。（《国富论·第五篇》）与这三种君主或国家的职责对应的是君主或国家的三类开支：国防开支、司法开支、公共工程和公共机构的开支。除此以外维护君主尊严也必须要有一定的开支，越是在富裕而发达的社会中，各阶层人民越趋于奢华，所以我们很难要求君主洁身自好、独善其身，他的费用也必然日益增多，否则我们就不能保持他的尊严。况且一国之君临于其臣民，比共和国元首对于市民来说更要高不可攀，所以为维护这种较高的尊严，势必需要较大的费用。总督或市长官邸的华丽程度自然不能与国王的宫殿相提并论。

超时空访客

对于华丽的王宫，我想不妨听听管丞相是怎么看的。

管子

你们修华丽的王宫是为了你们君主的尊严，我们不是这么认为的。在我们这里的情况是：若岁凶旱水泆，民失本，则修宫室台榭，以前无狗后无彘者为庸。故修宫室台榭，非丽其乐也，以平国策也。（《管子·乘马数第六十九》）我们修宫室台榭是国家遇上自然灾害时国家应对的国策。

超时空访客

斯密先生，管丞相这段话是极精妙的，我仔细翻译给您听：当我们赶上大旱或者洪涝的凶灾之年，灾民失去生活依托，此时国家便要修建宫室台榭，让人前面没有狗在跑，人后面没有跟着猪的，也就是一贫如洗的灾民，让这些人来参与修建，使他们有工作做，得以生活。所以，大力修建宫室台榭不是为了享乐，而是国家此时度过难关的一项国策。教授，管丞相可是在咱们之前2000多年啊，丞相这段话您听了之后感觉怎么样？

亚当·斯密

我的上帝！这是用创造内需来度过灾年啊！

超时空访客

是的！所以今后再见到中国古代宏伟的宫殿王陵不要马上轻言是统治阶级对人民剥削压迫的罪证了，先看看修建时是否处于凶灾之年，那或许是一个救助危难的国策呢。我们的时代也遇到过全世界范

亚当·斯密

了不起！真了不起！

管子

修宫室台榭，非丽其乐也，以平国策也。然而这个国策也经常被不懂得运用经济筹划的国君给迷失。

围的金融危机，各国纷纷采取措施，很多国家采用印钞票的方式，而中国采用了所谓的"投入四万亿拉动内需"，这一切都是跟管丞相学的呀，不知道有没有学到管丞相的思想精髓？我们的时代有"西气东输"，有"南水北调"，还有高速铁路那样的超大型国家工程，然而管丞相他们这个时代没有那些工程，他们能够选择的国家工程就是盖宫室台榭了，但是他们能想到这个解决问题的办法，能够正确地制定出来这样的国家策略，不是非常了不起的吗？

有的国君一年四季大兴土木从不停止，征发民工修建宫室台榭，以致百姓不能从事农业生产，国君不知道他们误了农时，影响了春耕，接着又耽误了夏天的耕耘和秋天的收获，使得越来越多的百姓陷入贫困饥饿而不得不卖儿卖女。此失策于春天又失策于夏秋两个收获季的事，皆是由于追求和贪图华丽王宫而引起的。这种事常常会发生，我们的前任国君齐襄公，他修建高台广池，饮酒作乐，热衷田猎，不听国政。他九妃六嫔，陈姜数千，食必粱肉，衣必文绣，生活极为奢侈，最终落得被人杀死，失去君位，还差点断送了齐国社稷。

亚当·斯密
管丞相说得好。

德与利，战争与财富

管子

刚才你也讲你们君主的开支里面第一项就是"国防开支"，前面我听你讲"重商"的问题时，也说到"战争"。你给我一个感觉就是你们的财富观与战争观出现了一些问题。为了战争积累财富，又为了获得财富发动战争。我不同意你们的"财富观"和"战争观"。

超时空访客

是的，他们把战争与财富紧紧联系在一起了。

管子

我认为：至善不战！最好的选择是不打仗。原因是屡屡发动战争就会军士和百姓疲惫厌战，要是屡战屡胜就会助长国君的骄纵傲慢。你可以想一想，一个骄纵傲慢的国君驱使着一群疲惫厌战的人民，这个国家安有不危之理？此所谓：数战则士罢，数胜则君骄，夫以骄君使罢民，则国安得无危？(《管子·幼官第八》) 国家的财富不是靠战争打出来的，也不是为战争而积累的。如果国家积累了财富就肆意妄为，那么国家就会回到贫困。所谓：富而骄肆者，复贫。(《管子·霸言第二十三》)这里就要求国君必须守正，这才是国家富强的关键，所谓：故观国者观君，观军者观将，观备者观野。(同上)看一个国家兴盛

与否看它的国君，看一个军队强大与否看它的统帅，看一个国家富足与否看它的田野乡村。我们说：明一者皇，察道者帝，通德者王，谋得兵胜者霸。故夫兵，虽非备道至德也，然而所以辅王成霸。（《管子·兵法第十七》）坚守正道不失美德，方为国家强盛之本，而武力不是成就天下大业的最好方式，但是毋庸置疑国防是国家强盛不可或缺的必要手段。所以我对斯密先生所讲的君主需要国防开支是同意的，但是对"重商主义"里的战争观是不同意的。国家之富靠的是致力于农业生产，国家之强靠的是正道与美德，国家受人尊敬靠的是厚施天下。此所谓：夫无土而欲富者忧，无德而欲王者危，施薄而求厚者孤。（《管子·霸言第二十三》）如果一个国君看似英明有尊严实则不英明，他的将相看似贤能实则不贤能，他的人民看似勤劳实则不勤劳，这三点本该有的却没有，这个国家就不能成为国家了。地广而不耕种，叫做"土满"，人多而不治理，叫做"人满"，兵多而滥战，叫做"武满"，这三点不该有的而有了，国家也就完了。

亚当·斯密

管丞相说的"至善不战"的道理，我也很赞同。我们的殖民地需要很大的军费开支。英国统治殖民地的主要目的，或者更准确地说可能是唯一目的，迄今为止一直是维持垄断。据说统治殖民地的主要利润就是来自这种垄断贸易。这种垄断就是殖民地隶属我们英国的标志。英国维持殖民地的真实目的就是为了维持这种贸易垄断。殖民地平时的军费一般包括：二十个步兵团的给养；炮兵和军需品的费用以及他们所需的异常供应；为了防范各国走私船只而警戒漫长的北美和西印度海岸，须经常维持庞大海军的费用。殖民地平时的全部军费由我们英国的收入负担，这只是宗主国统治殖民地所需费用的最小部分。（《国富论·第四篇》）我们到现在已经参与过三次大规模的殖民战争：第一次是1689–1697年的奥格斯堡同盟战争，我们也叫它为"威廉王战争"；第二次是1702–1711年借口西班牙王位继承权的英法战争，这场战争把西班牙殖民地、地中海到北美殖民地全都卷进去了；经过20年平静之后，从1739年开始的"詹金斯耳朵之战"的英西殖民战争，

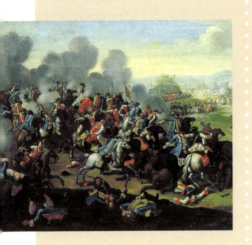

到1740-1748年搅动全欧洲的奥地利王位继承战，终于爆发了激烈的1754-1763年的"七年战争"，虽说是英国与法国主要交战，实际上欧洲主要强国均卷入了这场战争，战争覆盖了欧洲、北美、中美洲、西非海岸、印度、菲律宾，这也完全是一场殖民地战争。这些战争费用实际上是为了维持垄断而发放的奖金。名义上，其目的是鼓励英国制造业和发展商业。而实际结果却是提高了商业利润率，使我们英国商人将更多的资本，转投入周转更慢、距离更远的贸易部门。在目前的管理体制下，英国统治殖民地一无所得，只有损失。如果建议英国主动放弃所属殖民地的所有统治权，让殖民地自己选举地方长官，自己制定法律，自己决定是战是和，就相当于提出一个从不曾也永远不会被世界上任何国家采纳的措施。没有一个国家曾主动放弃过对任何殖民地的统治权，不论其如何难于统治，不论其提供的收入与其花费相比是如何微小。（《国富论·第四篇》）

管子

斯密先生，你认为"在目前的管理体制下，英国统治殖民地一无所得，只有损失"，但是我认为这不是"管理体制"的问题，被占领的殖民地得不到利益，是因为你们强权大国无道啊。难道你们得到别人的土地就是为了利益吗？

亚当·斯密

为了利益是由来已久的，我们认为没有永恒的朋友，只有永恒的利益。事实上，哥伦布和他之后的欧洲冒险家，似乎都是出于同一个目的，就是对黄金的狂热渴望，不如黄金贵重的物品似乎都不值得他们去注意。他们到达任何未知海岸时，首先要了解的就是那里是否曾经发现过黄金，他们根据这个调查结果来决定去留。甚至当哥伦布看到当地土著居民用小金片装饰衣服，并且听说在山上流下来的溪水里就常常能找到金片，他就据此深信那些山峦里到处都是最富饶的金矿。圣多明各就这样被描述成盛产黄金的国家。哥伦布结束了他的第一次航海返航回来，在凯旋仪式上他被介绍给卡斯蒂尔和亚拉冈国王时，在他前面抬着他所发现那些国家的物产，被认为有价值的只有小金发带、金手镯和别的什么金饰品，还有几捆棉花，除此以外

的东西就是猎奇之物了。由于哥伦布的描述，卡斯蒂尔的议会决定占领这些明显没有防御能力的国家。但是，他们却要把自己发动的占领计划装点成正义的，他们说他们这样可以让那些土著居民皈依基督教，这样这个非正义计划就有了神圣的外衣了。但是这个计划的唯一动机就是想在那里找到黄金宝藏。为了重视这个计划，哥伦布提议，在那里发现的金银的一半归国王所有。议会同意了他的提议。在圣多明各和哥伦布发现的其他地方，不过六到八年就把那里的土著所拥有的黄金掠夺干净了。此后每个航行到美洲的西班牙人都期望发现一个黄金之国，一旦发现一个金矿立即就会开采。每一次对于这些冒险家的发现的报道，都足以引起他们同胞的贪欲。他们发现和征服了墨西哥与秘鲁，但是事实上他们得到的黄金并不像他们想象的那么多。欧洲其他各国在巴西建立殖民地之后一百多年，才发现了金、银、钻石矿。英国在北美的第一批殖民者，答应以所发现金银的五分之一上缴国王，以促使国王给他们发放执照。对殖民地的征服就是始于掠夺黄金等贵金属的目的。

管子

在这一点上，我们与你们非常不同。我们讲的是：欲用天下之权者，必先布德诸侯。如果要对别国有影响力，先要布德施惠给别国，而且还要有所取，有所与，有所诎，有所信，然后能用天下之权。要有所获得，有所给予，有所屈，有所伸。我们认为国君应该是一个圣王，他要卑礼以下天下之贤而王之，均分以钧天下之众而臣之（《管子·霸言第二十三》）。要能屈尊自己来礼贤下士，这样才能统治天下；要与天下人共享利益才能让天下人心归服。所以我们说身为尊贵的国君，即使富有天下，也不可以贪婪，这是国君的行为准则；用天下的财富，利益天下所有的人；用英明的威望来提振天下，来聚合天下的权力；以广施恩德的行动来亲善各个国家，此所谓：贵为天子，富有天下，而世不谓贪者，其大计存也。以天下之财，利天下之人；以明威之振，合天下之权；以遂德之行，结诸侯之亲。（同上）这样做才是国君应该做的事情，怎么能够贪图别国金银财宝，鼓励去别国抢掠财富呢？

亚当·斯密

可是我听说你们齐国"并国三十五",也兼并其他国家啊。这又怎么解释呢?

管子

我们的原则是:"德共者不取,道同者不王。"与自己德行一致的国家是不可以占领的,与自己持有相同道义的国家也是不可以统治的。无论国家实行"霸道"还是"王道",都必须恪守"道"。必须强调"霸"可不是用强权欺负别人,"霸"就是"伯",意思是让自己国富民强可以帮助天子带领诸侯,所以"霸"亦有道,必须行"霸道"。无论是"霸"还是"王",都要法于天道,合于地道,教化百姓,改朝换代,创制文明,使诸侯有序,四海宾服,天下按照时序运行。我们讲君人者有道,霸王者有时。什么情况才可以兼并别国呢?只有在自己国家修明而邻国无道时,才是霸王之国兼并别国的条件,即:邻国有事,邻国得焉;邻国有事,邻国亡焉。天下有事,则圣王利也。(《管子·霸言第二十三》)

亚当·斯密

管丞相，我听超时空访客介绍说你们齐国现在是霸主，难道你们不去战胜别的国家吗？如果不的话，你们怎么成为"霸主"？

管子

我们说过至善不战，其次一之（《管子·兵法第十七》），最好的方式是不打仗，但是如果开战也要师出有名，这个名就是匡扶正义，所谓"一匡天下"。这便是我们常说的：治民有器，为兵有数，胜敌国有理，正天下有分。（《管子·七法第六》）战胜敌国要合于理，匡正天下要有名分，不可以穷兵黩武，更不可以为了抢掠财富而发动战争。即使军队强大，但是不明于胜敌国之理，犹之不胜。即使军队一定能够战胜敌国，但是出师无名，犹之不可。

超时空访客

斯密先生，我们中国历史上有位伟大的圣人——孔子，他比管丞相晚出生184年，他对管丞相的评价是："桓公九合诸侯，不以兵车，管仲之力也。如其仁！如其仁！"

亚当·斯密

不打仗，靠仁义，就可以吗？如果别国要和你开战怎么办？

管子

不怕的，做好做强自己就行了。我们兵未出国境，要在八件事上做到天下第一！你要想匡正天下，如果财富达不到天下第一就不可以匡正天下，给别人定道德准则；财富天下第一了，而工匠的技术不能天下第一，则不可以正天下；工匠技术天下第一了，而武器装备不能天下第一，则不可以正天下；武器装备天下第一了，而战士身体素质达不到天下第一，则不可以正天下；战士身体素质天下第一了，而战士的政治信仰不能天下第一，则不可以正天下；政治信仰天下第一了，而训练不能天下第一，则不可以正天下；训练天下第一了，而情报工作不能天下第一，则不可以正天下；情报工作天下第一了，但是对战机和策略不能明了，依然不可以正天下。以上财、工、器、士、政教、习、遍知、明于机数这八个方面能盖天下，我军还没出国境，就已经天下太平了，还需要打仗吗？所以我前面和你说，我们积累财富，富国富民，不仅不是为了战争，反而还可以确保和平。

超时空访客

斯密先生，您与管丞相论兵，可知管丞相兵学思想最妙处是打经济战的"五战而至于兵"？

亚当·斯密

这么早就有经济战了吗？您能不能讲一讲？

管子

我给你讲一件"绨战鲁梁"的事。泰山以北是我们齐国，泰山以南是鲁国，鲁国和梁国的人素来有采麻织绨的传统。我请齐侯穿戴用鲁梁两国绨制作的衣服，同时命令左右文武百官都必须穿绨服。见到国君与百官都穿绨服，齐国百姓也纷纷效仿穿起了绨服。这样就大大增加了齐国对于鲁梁的布料——绨的需求量，我告诉鲁梁的商人尽快回国为我们采购1000匹绨，我们会为此支付300金，他们来回贩运十次就可以得到3000金。鲁梁商人急忙赶回国收集绨，从而导致鲁梁的百姓纷纷扔下农田不管，去采麻织绨。鲁梁的国君也亲自教导其人民纺织绨。过了13个月，我命人去鲁梁打探，见到他们城中百姓情绪高涨，城中的道路上尘土飞扬，十步远就彼此不见，行人裤脚紧绑，车轮相互碰撞，马队成列而行。

超时空访客

看来绨被炒得火热啊！

管子

此时我们请齐侯马上换掉绨服，文武百官亦然，全都换上齐国布料制作的衣服，命令全国百姓不得再穿绨服，同时封闭齐国与鲁梁的边关，断绝与鲁梁的经济往来，人员只能进不能出。这样又过了十个月，我们派人去鲁梁发现两个国家都出现了饥荒，鲁梁两国虽然紧急命令百姓停止织绨回去务农，但是粮食是无法在短期之内就生产出来的，鲁梁两国的粮价每石暴涨到上千钱，而齐国的粮价每石才十钱。那些在对齐国做绨的生意上赚了大钱的鲁梁人，纷纷带上财富向齐国移民。眼看着那些当年被从齐国运出去的金银货币随着移民潮又都一车一车地运回齐国，我国君臣百姓都捂着嘴高兴。两年的时间鲁梁的人口有十分之六都归顺了齐国；三年之后，鲁梁的国君也跑来请求归服。同样的方式，我们用莱国和莒国盛产的柴禾收拾了莱莒这两个国家，使这两个国家投奔齐国的百姓达到了十分之七，二十八个月后莱国和莒国的国君也归服了。此乃"五战而至于兵"。

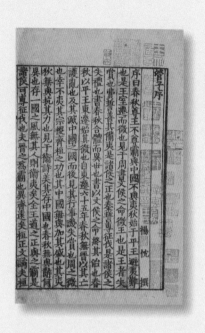

亚当·斯密

"五战而至于兵"是什么意思？

管子

"五战而至于兵"就是五种类型的经济战，可以取得与出兵作战同样的效果。这五种经济战分别叫做：战衡、战准、战流、战权、战势。所谓"战衡"就是打击敌人的供求平衡；所谓"战准"就是发动价格战；所谓"战流"就是阻碍敌人的市场流通；所谓"战权"就是干扰敌人的经济策略；所谓"战势"就是破坏敌人的经济形势。

亚当·斯密

难道你们不掠夺别国财富吗？如果不的话，你们怎么能够成为富有的国家呢？

管子

国家富有，未必需要动用军队征服别国。我国的财富来自于农业，我们常说：民事农则田垦，田垦则粟多，粟多则国富。（《管子·治国第四十八》）我们齐国临海靠山，我们实行"官山海"的政策，也为国家提供了大量的财富。

亚当·斯密

什么是"官山海"？

管子

用海水可以煮盐，采山上矿藏可以冶铁，"官山海"就是山海资源由国家控制，所产盐铁由国家专营专卖。

超时空访客

斯密先生，你不是反对政府干预吗？

亚当·斯密

我反对的是政府不当干预。在判断这个属不属于不当干预之前，我不发表我的意见。我现在明白你们如何变成这样土地辽阔的大国了，与欧洲列强思路完全不一样。

管子

你们的思路是怎样的？

亚当·斯密

从欧洲人的历史看，因为人们生活在城邦里，所以领土扩张似乎就是城邦的发展，人们似乎更重视利益版图。与其说对一个国家的占领，不如说对这个国家的征服，因为没有利益获取的占领似乎是没有意义的，而征服意味可以从那里获得利益。所以欧洲人似乎对殖民地更情有独钟。而且欧洲人最初在

美洲和西印度建立殖民地的动机，并不像古希腊和古罗马建立殖民地的动机那样简单。例如古希腊各城邦只占有极小的领土。任何一个城邦的人口增多到本城邦的领土不易维持时，一部分人就会被派到世界遥远的地方寻找新的居住地，也就是殖民地。但是周围那些好战的相邻城邦使任何城邦都很难在国内扩张领土，所以只能向更远处发展殖民地。虽然母城视殖民地为孩子，总是给予很大的恩惠和帮助，殖民地对此也感恩戴德，但是母城视殖民地为长大的自由的孩子，并不要求直接的管辖权。殖民地自决政体，自定法律，自选官员，并以独立国的身份与邻国和谈或宣战，不必等宗主国或母城的承认和同意。从这里可见，建立这种殖民地的动机很简单也很清楚。到了古罗马帝国时期与古希腊就有所不同了，他们会将被意大利征服的各省分配给自己的公民，他们在那里要受罗马帝国的统治。但是这个动机也还是很简单的。可是到了后来，欧洲人在美洲和西印度建立殖民地的动机就比较复杂，有的是为了黄金或者殖民地的物产，有的是为了垄断贸易。总之不再像古代那样单纯地为了寻找生存居住地，而是想要通过多种方式去掠夺财富。就像我前面说哥伦布那些冒险家寻找掠夺黄金时的那样。当然还有像英国清教徒在国内受到压制而逃亡美洲寻求自由的情况。

超时空访客
你们的政府对殖民地不统治吗？

亚当·斯密
情况很复杂。15世纪末以及16世纪大部分时间，西班牙和葡萄牙是两大海军强国。由于西班牙人发现了美洲，他们宣称全部美洲都归他们所有，虽然他们不能阻止像葡萄牙那样的海军强国在巴西殖民，但那时他们的威名使大部分其他欧洲国家十分恐惧，不敢在这个新大陆建立殖民地。自从西班牙的无敌舰队在16世纪末被击败后，西班牙海军力量衰落，再也无力阻止其他欧洲国家去殖民。此后，所有有海港的大国，英国、法国、荷兰、丹麦、瑞典，都试图在新大陆建立殖民地，但是这些殖民地往往不是政府直接统治。例如瑞典在新泽西有殖民地，那是瑞典某个家族的，如果这个殖民地受到瑞典宗主国的保护，就非常有可能繁荣起来。可是瑞典政府不重视

这个殖民地，所以最终被荷兰人吞并了，1674年又归英国人统治。圣托马斯和圣克罗斯这两个小岛是丹麦人在新世界拥有的全部殖民地，然而是由一家专营公司统治。不论什么地方，专营商业公司的统治可能是最糟糕的统治，后来丹麦国王解散了这家公司，从此这两个殖民地就逐渐繁荣了。荷兰在西印度和东印度的殖民地都由一家专营公司统治，但是随着公司专营特许权的减少，这些殖民地也就繁荣起来了。法国在加拿大的殖民地也是由一家专营公司统治的。法国在圣多明各的殖民地则由海盗建立，他们不要求法国的保护，也不承认法国政府，直到后来接受招安才承认法国政府，招安后在很长一段时期内受政府很宽松的管理，所以这个殖民地的人口增长和技术进步都非常迅速，有一段时期这个殖民地被一家专营公司控制，结果发展受阻。后来这种控制被解除，这个殖民地立即恢复到从前的繁荣。这里最值得讲的是英国在北美的殖民地，这是其他任何殖民地的发展速度都比不过的。英国殖民地的发展之所以快，原因在于英国对于殖民地所实行的政治制度，实行宽松政策。英属殖民地除了对外贸易以外的所有方面有完全的自由，可以自己处理自己的事务。

超时空访客

嗯。这恐怕就是后世经济学家们的"政府不干预"的依据了，这成了斯密先生备受后世欢迎的又一个亮点。谁都不想被人管，尤其后人更崇尚自由主义。他们认为《国富论》完全反对政府干预市场，主张放任自流的自由市场经济。可是当自由资本主义出现衰退时，主张政府干预的人们说所谓《国富论》反对政府干预经济恰恰主要是反对少数工商大资本出于私利胁迫政府进行的干预。大家都想拉拢《国富论》为自己所用。

亚当·斯密

是的。专营公司的本质不利于新殖民地的成长，这可能是东印度公司进步不大的主要原因。(《国富论·第四篇》)因为专营公司的职员们为了自身利益，曾多次试图在不仅是国外还包括国内的最重要的贸易部门建立私人地盘。这样在一两个世纪内，英国公司的殖民地政策完全具有破坏性。原因是这些职员们为了自己利益所做的事，直接违背了他们公司的利益。而禁止公司职员从事个人的贸易活动，几乎没有任何办法。

经济人，道德人，天下人

超时空访客

"天下熙熙，皆为利来；天下攘攘，皆为利往。"

超时空访客

管丞相不会说这样的话，这是司马迁在《货殖列传》里说的。

亚当·斯密

这句话更好，管丞相说的吗？

亚当·斯密

这句话正好对我讲的这件事给出了解释。这些公司职员当然会尽力去构建对他们个人私下贸易有利的垄断。但如果来自欧洲的命令禁止他们这样做，他们就会以对国家更有害的方法秘密地、间接地建立同样的垄断。他们依靠代理人而秘密经营或至少不公开承认是自己经营的贸易部门，如有人干涉，他们就会运用手里掌握的一切政府权力颠倒是非，加以干扰和破坏。但与公司的因公贸易相比，公司人员的个人贸易自然涵盖更多的商品种类。这些人员所处地位的性质，也必然使他们用比主人更严酷的手段来维护自己的利益而违背国家的利益。这个国家属于他们的主人，他们的主人不管怎样也会多少关心自己属国的利益，但是这个国家不属于这些人员。我并非要诋毁东印度公司人员的总体品格，更不是诋毁任何个别人员的品格。我要责备的是政府体制，是这些人员所处的境地，而不是那些执行人员

的品格。他们所处的境地自然影响他们的行为。那些大声疾呼反对他们的人自己也未必能做得更好。（《国富论·第四篇》）

超时空访客

斯密先生，因为您坚持私有制的正义性，所以您无法解决这个问题。

只得用完全的自由主义，让私人去对付私人，自己去对付自己。所以从这里看出来"自利利他"是没有办法的自我安慰，您被自己"绑架"了。管丞相怎么看？

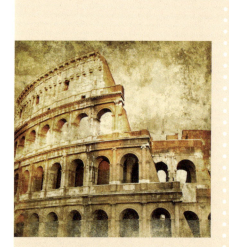

管子

这是为人臣者重私而轻公矣，百虑其家，不一图国啊。这种情况下，贵国人才再多，殖民地再多，属数虽众，非以尊君也；百官虽具，非以任国也；这就叫国无人。斯密先生，请接着讲吧。

亚当·斯密

的确，如果不为自己的私利，全心全意为国家考虑，即使没有经过专业训练的人，也会做出对国家有利的事。例如：马德拉斯和加尔各答的议会，在战争和谈判期间，多次表现出的果断和明智，有如罗马共和国全盛时期的元老院。但是这些议会成员的职业素质与战争和政治相去甚远。但仅他们所处的境地，无需教育、经验甚至榜样，似乎就能立即培养出所需的所有伟大品质，使他们拥有连他们自己也不大知道拥有的这种能力和美德。（《国富论·第四篇》）作为商人团体似乎不可能将自己当做国家主人，甚至就是在他们成为统治者后也是如此。作为统治者，他们的利益与所统治国家的利益完全一致。但是作为商人，他们的利益与所统治的那个国家的利益终究是直接对立的。（同上）

超时空访客
管丞相有办法解决这个问题吗？

管子

这就是那个"斯密问题"带来的必然结果。原因在于国家失道，所谓：君失其道，则大臣比权重以相举于国，小臣必循利以相就也。（《管子·法禁第十四》）人人都谋私利废公义，你们反而认为这是合理的。你们认识上的错误在哪里呢？根源就在于，这种看似合理但是它却不合天道。此皆弱君乱国之道也。故国之危也。（同上）这样下去，国家就危险了。而善为政者，田畴垦而国邑实，朝廷闲而官府治，公法行而私曲止，仓廪实而囹圄空，贤人进而奸民退。在善政下，君子崇尚中正而唾弃诡谀；士人崇尚勇武而唾弃私利；庶人崇尚勤劳而唾弃不劳而获。

亚当·斯密

管丞相认为应该怎么做才能达到善政呢？

管子

私者，乱天下者也。（《管子·心术下第三十七》）全社会以追求私利废公义，这是乱天下的根源。

亚当·斯密

但是要求全人类都去公而忘私能做到吗? 这违背人性，不是吗?

超时空访客

管丞相，单纯地肯定"公"而否定"私"，在我们后世有过社会尝试，但是似乎也是行不通的呀。

管子

想必你们把"公"理解错了。你们怎么理解"公"呢?

亚当·斯密

我们只肯定"私"，否定"公"。所以我要做的仅仅是探寻取得私有财富的最大化原则，这来自于合理性；以及探寻私人财富对社会的帮助，这是它的正义性。

超时空访客

我们后世还是比较认真地进行了社会的公有制实践。"公"就是天下为公，就是"大公无私"，就是消灭私有制。

管子

你们对"公"的解释完全不对。先从古人那时说说什么是"私"。古人单纯朴实，他们内心的"私"就是财富都跑到一个人手里去了，使得别人什么都没有了。那么什么是"公"呢? 从"公"这个汉字你们就可以看出来，"公"这个字的下面有一个"厶"，"厶"即"私"，

"公"的上面是两只手，在分下面的"厶"。现在明白什么是"公"了吧？分厶为公。"公"不是财富聚集到一个人那里去，聚集就叫"私"，"公"是人人都有，是讲公平原则的"私有"，而不是人人没有。你们的"私有"会导致财富聚集到少数人那里，这就是："私者，乱天下者也。"

超时空访客

原来是这样啊！"公"不是剥夺个人，是公平分给每个人呀。中国古人的这个解释太到位了。管丞相，那么怎样才能实现呢？

管子

问题的关键在于社会精英阶层，何为社会精英？乃具有圣人之德的人可谓精英，像圣人那样：若天然，无私覆也；若地然，无私载也。像天一样无私覆盖，像地一样无私承载。我们说：圣人裁物，不为物使。(《管子·心术下第三十七》)社会精英不能鼓吹私利，被私利驱使，而应努力建立公平正义的社会。社会精英内心安定，则国家安定；内心不乱，则国家不乱。所以说国家安定不乱的善政归根到底是国家精英的内心不能乱。斯密先生，你们心正不乱，说出来的话就正而不乱，不用胡言乱语影响人民，百姓和社会就会在精英的带领下得到合于天道的利益。这就是：治心在于中，治言出于口，治事加于民，

故功作而民从，则百姓治矣。(同上)我们要"明必死之路，开必得之门"。明确告诉众人怎样做是必死之路，怎样做才是利益最大之门。但是一定要有法制，要立法，然而立法不是仅仅为百姓立法，立法首先要自己遵守，自己端正。置法以自治，立仪以自正也。故上不行，则民不从。(《管子·法法第十六》)要知道：奸吏伤官法，奸民伤俗教，贼盗伤国众(《管子·七法第六》)。只有官才能破坏法制，民破坏不了法制却能败坏风俗，而盗贼就更破坏不了法制了，盗贼伤害别人利益受到法律制裁。因此维护法制的关键在于吏治。你们发现公司职员谋私利，是因为他们的上级在谋私，你们带给他们的文化就是利己的文化，如此怎能让别人不谋私利？要转变这种情况，先要从端正文化开始。

超时空访客

管丞相一席话，发人深省啊。

管子

超时空访客，你穿越时空与斯密先生来到我这里，老夫很感谢。斯密先生，您的学术对后世产生了那么大的影响，可喜可贺。老夫别无所赠，最后赠送你们几句我毕生治国厚民的感言吧。第一句还是"以人为本"；第二句是"以法治国"，这两句话都是老夫首先倡导于天下的。斯密先生，这两句话著作权在老夫，使用权在天下人。哈哈。其后依次是：

泽布于天下，后世享其功，久远而利愈多（《管子·形势解第六十四》）；

与天下同利者，天下持之（《管子·版法解第六十六》）；

己之所不安勿施于人（同上），后人可能会把我这句借用去，也是著作权在我，使用权在天下人；

非吾仪虽利不为，非吾当虽利不行，非吾道虽利不取（《管子·白心第三十八》）；

民恶贫贱，我富贵之（《管子·牧民第一》）；

不为不可成，不求不可得，不处不可久，不行不可复（同上）；

最后一句是：以众人之力起事者，无不成也。（《管子·形势解第六十四》）

亚当·斯密

管丞相，非常感谢您，我的《国富论》讲的是"经济人"，《道德情操论》讲的是"道德人"，这两个概念还没有做到统一起来，但愿与您的这一番对话能让后人在这两个"人"之间架起一座桥梁。

超时空访客

管丞相，我带着问题找到您和亚当·斯密先生，请你们走到一起来

管子

哈哈哈哈。就此别过，你们两位返程赶路吧。

对话，听完你们两位的对话，我好像找到了问题的答案，答案就是在斯密先生的"道德人"和"经济人"之外，丞相给我们提供了另一个概念的"人"，那就是"社会人"，也可以叫做"天下人"。丞相的赠言里好几句都有"天下"这个词，我理解"社会人"应该追求"天人合一"，达到"天下人"。

亚当·斯密

管子之前无诸子，诸子都在管子后。我现在也是管子的学生了。

（超时空访客与亚当·斯密再次穿越了光速可变时空隧道。）

苑天舒
2015年6月16日
于北京枫丹丽舍

图书在版编目（CIP）数据

超时空走访：管子与亚当·斯密／苑天舒编著.—
上海：上海古籍出版社，2015.8（2019.1重印）
（咖啡与茶）
ISBN 978-7-5325-7744-6

Ⅰ.①超… Ⅱ.①苑… Ⅲ.①管仲（？～前645）—哲
学思想—研究②斯密，A.（1723～1790）—哲学思想—研
究 Ⅳ.①B226.15②B561.299

中国版本图书馆CIP数据核字（2015）第172190号

本书所使用的部分译文、图片无法联系作者取得使用权，故请作者
或版权持有者见到本声明后与本社联系，本社将按相关规定支付稿酬。

咖啡与茶
超时空走访：管子与亚当·斯密
苑天舒　编著

上海世纪出版股份有限公司
上海古籍出版社　　　　出版发行
（上海瑞金二路272号　邮政编码200020）
（1）网址：www.guji.com.cn
（2）E-mail：guji1@guji.com.cn
（3）易文网网址：www.ewen.co

发行经销　上海世纪出版股份有限公司发行中心
制版印刷　上海丽佳制版印刷有限公司
开本　889×1194　1/36
印张　4　插页1　字数100,000
印数　5,301-7,600
版次　2015年8月第1版
　　　2019年1月第2次印刷
ISBN　978-7-5325-7744-6/G·625
定价　29.00元